시-LIM 시인선 003

아몰퍼스

김해솔 시집

김해솔
2023년《쿨투라》신인상 시 부문을 수상하며 작품 활동을 시작했다.
책『반입자』(2024, 글라프레스)가 있다.

시-LIM 시인선 003

아몰퍼스

김해솔 시집

시인의 말

말하면
번복하고 싶어지는 나는
반박하고 싶은 말만 쓰고 싶다
고 쓰자
바꾸고 싶지 않은 말만 쓰고 싶어진 나는
어쩌지
어쩌면 좋지
중얼거리던 중 초파리에게
목덜미를 물렸다
초파리도 흡혈을? 묻자
아니오, 우리가 대답한다

2025년 9월
김해솔

차례

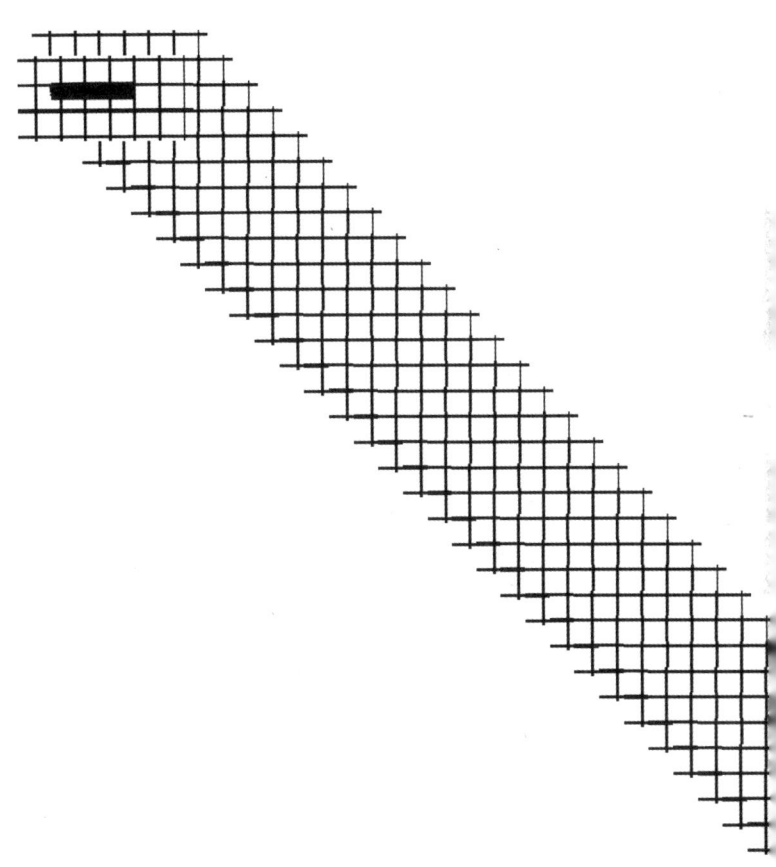

아몰퍼스

도서관을 하나 상상한다. 이 도서관은 지금 내가 앉아 있는 도서관보다 중요하다. 이렇게 믿지 않으면 도서관을 상상할 필요가 없지. 지금 내가 앉아 있는 도서관이 더 중요하다면. 내가 도서관을 상상하는 대신 도서관에 꽂혀 있는 책을 펼치고 싶어 하는 사람이라면. 그러나 지금 나는 내 상상 속 도서관이 더 중요하다. 그래서 앉아 있던 도서관에 불 질렀다면. 방화범 되었다면.

그럼 벌 받아야지.

그래서 벌 받았다. 감옥에서.
벌 받으면서, 상상 속 도서관에서 도서관 하나를 다시 상상했다.

*

시간이 흐르고 감옥에서 석방된 뒤,

나는 도서관에 불을 지른 전과가 있는 사람. 내가 가는 곳마다 사람들은 노래하네. 전과자는 믿을 수 없어. 믿을 수 없으니 상상할 수 없어. 상상할 수 없으니 함께할 수 없어. 나는 사람들이 함

께하고 싶지 않은 사람. 그러나 여전히 상상할 수 있었네. 내 상상 속 도서관에 앉아 책 태우는

아이를

한 명 상상한다. 이 아이는 내가 상상하는 도서관보다 중요하다. 이렇게 믿지 않아도 이 아이는 상상할 수 있지. 상상하지 않아도 함께일 수 있지. 함께이지 않아도 믿을 수 있다는 걸 내가 이 아이를 만나기도 전에 알았다면. 그래서 내가 너를 낳았다면. 그게 네게 상처가 됐다면,

그럼 벌 받아야지.

그래서 벌 받았다. 네 옆에서.
너를 끌어안으면서. 그 무엇도 상상하지 않으면서.

라고

나는 중얼거렸다. 도서관 속에서.

이징 모형

비닐이 있다. 창백하다. 부풀어 있다. 설치미술이다. 비닐 속에서, 우리는 고기처럼 보인다. 피처럼 보이니까 우리는 신난다. 우리도 흐를 수 있는 거야? 그래! 웃지 않아도 되는 거야! 비닐 속에서. 우리는 가위바위보를 한다. 가위를 먼저 내는 유형과 보를 먼저 내는 유형과 바위를 먼저 내는 유형으로 사람을 나눌 수 있다고 나는 말한다. 그게 유형의 법칙이라고 네가 법칙을 믿으니까 너를 구슬리기에 이보다 좋은 표현은 없어, 중얼거리면서. 법칙을 위해서는 한 사람이 더 필요하다고 말하는 네게, 어째서 우리라는 말에 두 사람만 포함되어 있겠냐고 나는 말한다. 그럼 여기 우리 둘 말고 또 누가 있겠냐고 네가 묻자, 나는 비닐을 본다. 쟤도 있다고 말한다. 눈치챘어?

응, 내가 비닐이야

둘 중 한 사람이 말한다. 내가 모를 것 같다고 너는 말한다. 내가 정말 모를 것 같냐고 나는 묻는다. 정말 그럴 것 같다고 너는 말하고 비행기 한 대가 지나간다고 나는 말한다. 왜 늘상 말을 그런 식으로 돌리냐고 너는 말한다. 정말로 비행기 한 대가 지나가고 있다고, 비행기가 이미 지나가 버렸다고 나는 말한다. 비행

기란 자고로 그렇게 빨리 시야에서 사라질 수 있는 게 아니라고
너는 말한다: 그 말이 맞다고 그게 네가 내 말을 믿기까지 걸린
시간이라고 나는 말한다. 아니라고, 내 말이 거짓이라 말하는 네
게 맞아 네가

맞고 다 맞는데 *왜 자꾸 내게 속는 거냐고* 묻지 않는 내게, 비
행기 한 대가 지나가고 있다고

그게 이 설치미술의 비밀이라고

갑자기 등장한 미술가가 말한다. 쟤 지금 등장할 줄 알았다고
네가 말하고, 고개를 끄덕이며 나는 중얼거린다.

들켰다고,

루트, 야떼모야

세 사람이 걷고 있었다 그들은 방금
김밥과 떡볶이를 먹은 상태였다

날이 좋아

거리는 환하게 빛나고 있었다 그들을 가로막을 수 있는 건 그
들밖에 없는 것처럼 보였다 그들은 걷고 있었다 김밥과 떡볶이를
먹은 뒤

걷는 그들 앞에 박스 하나가 날아왔다 커다란 박스였다 세 사
람이 함께 들어갈 수 있을 만큼 큰. 세 사람은 보았다

야떼모야?

세 사람 중 한 사람이 생각했다 말하지는 않고 그들은 김밥과
떡볶이를 먹은 상태였다

누가 좀
박제해 줬으면 좋겠다

우리를
우리 세 사람을

한 사람이 생각했을 때

자전거 한 대가 빛을 흡수하는 장면을, 다른 한 사람은 목격하게 된다 아니, 아니다 목격하지 않았다 다만 그렇게 될 거라고, 한 사람이 중얼거렸을 때

세 사람은 걷고 있었다
한 사람이 아직 박스 안에 있는데

누워 있다

더럽다. 아니다. 번쩍인다. 기다린다. 멀쩡하다. 멀쩡하지만.
그렇지 않다. 어떤 검지가 우측 안구를 찔렀고 덕분에
모세혈관이 파열됐고 몸이 누워 있기 때문이 아니다. 그냥

그냥 좀

손이 방문을 닫고 나간다. 부적절하다. 또 방문을 닫고 나간
다. 숨이 가빠진다. 손가락이 목을 조르지 않도록 손목에 수갑을
채워 줘야 하는데 얼굴 옆에 다른 얼굴은 없다. 손목은 스스로 수
갑 차는 법을 모른다. 공기 없이 숨 쉬는 법도 모른다. 모른다고
말하는 일은 어렵지 않다. 입은 뛰어난 입을 흉내 내니까. 뛰어난
입은 3년째 교도소에 수감 중이다. 그 교도소의 이름은 모른다.
거짓말이다. 손을 뻗는다. 식빵 한 봉지와 포도잼 한 통이 있다.
식빵에 포도잼을 바른다. 포도잼을 만든 건 손이다. 손과 같이 사
는 건 아니다. 손은 몸에게서 빵을 가로채지 못한다. 입이 식빵을
먹는다. 잼이 입술을 비집고 터져 나온다. 몸을 일으킨다. 왜 몸을
일으키려 했는지 기억나지 않는다. 방이 너무 비좁아 발을 한 발

만 내딛어도 손바닥은 손잡이 앞에 있다. 방문이 열린다. 엄지와 새끼가 구분되지 않는다. 방문을 닫는다. 문이 열렸을 때 보았던 것들에 대해 생각한다. 생각한다. 식빵을 생각한다.

입는다

챠우챠우

우는 사람의 얼굴을 그리고 싶어서

우는 사람의 얼굴을 상상하려 했는데
얼굴과 발의 윤곽이 구분되지 않았다

계속 그리면

종이가 찢길까 봐 생각만 했는데
머리통이 깨진 네가 내 발밑에 있었다

네 광대뼈를 타고 흐르는
물도
내 발바닥을 타고 흐르는 물도

못 그리는데

나는 범죄자가 되기로 했다
나도 변호사가 필요하니까

"법정에 선 피고인"

판사가 짖기 시작하고
나는 고개를 숙인 채

묵비권을 행사하는데

검사가 증인을 불렀다
판사는 증인을 증거로 채택했다
증거는 변호사를 봤다 너를

봤다 "누구세요?"

쾨니히스베르크의 다리

그 사람과 헤어진 날

너는 식빵을 먹다가
식빵을 식빵이 아닌 다른 이름으로 부르고 싶다고 생각했다
그렇게
탄생한 식빵의 첫 번째 이름

공허

그 뒤로 너는
그 사람이 보고 싶어질 때마다

공허를 뜯어 먹었다
공허는 영양가가 없어 아무리 뜯어 먹어도 배가 고팠고

배가 고프니까 너는

공허와 공허 사이에
계란이나

햄

양상추 같은 것들을 넣어 먹기 시작했는데 그러자

공허를 다른 이름으로 부르고 싶어졌다 그렇게
탄생한 식빵의 두 번째 이름

방어

그림1. 바닷속을 헤엄치는 방어 떼

그림1. 바닷속을 헤엄치는

그림2. 방어

그림2에 담을 수 없는 건 두 가지다

그 사람의 전화
와
그 사람의 사과

그러니까 이건…… 삼킬 수 없겠어

(너는 중얼거리고)

그렇게
탄생한 식빵의 세 번째 이름

초원

보다 새파란 초원
보다 더 새파란 초원보다 더 새파란 초원 각각의

연결된

초원 한가운데 나는 서 있다 초원의 크기가 나보다 작다 초원
이 작은 것일까 내가 큰 것일까, 너는 묻고

한가운데를 향해 손을 뻗는다

　　　　　　　　그러자 우리가 함께 서 있던 다리가 터진다

비가 내린 날은 4월 7일이 아니다

　벤치에 앉았다. 길바닥에 앉았다. 좌석 A-11에 앉았다. 휴게실 문을 열었다. 전차 의자에 앉았다. 먹구름 낀 하늘을 봤다. 사람들의 발뒤꿈치와 발목 사이를 봤다. 관자놀이에 총구를 겨누고 있는 배우의 귓불을 봤다. 뒤집힌 쓰레기통 뚜껑을 봤다. 흔들리는 손잡이를 보지 못했다. 빗줄기가 정수리를 내리치기 시작했다. 뛰기 시작했다. 배우의 머리통이 터지려던 찰나, 상대 배우가 등장했다. 뒤집힌 쓰레기통 뚜껑 위에 찌그러진 종이컵을 올렸다. 미끄럼틀 밑에 라이터처럼 쪼그리고 앉았다. 왼발에 오른발이 걸려 넘어졌다. 졸기 시작했다. 쓰레기통을 발로 찼다. 모르는 인간의 어깨 위로 머리가 떨어졌다. 빗줄기가 미끄럼틀 두들기는 소리를 들었다. 손바닥이 찢어졌다. 엔딩 크레딧이 올라갈 때까지 잠깨지 않았다. 발등 위로 굴러떨어진 종이컵을 봤다. 모르는 인간의 어깨가 머리를 내리쳤다. 횡단보도를 응시했다. 모르는 인간의 부축을 받았다. 상영관을 빠져나왔다. 종이컵을 짓밟았다. 손바닥으로 입을 감싸며 지하철을 빠져나왔다. 사이렌 소리를 들었다. 바지 주머니에 손을 넣었다. 우산을 폈다. 자판기에 500원을 넣었다. 버스 정류장 앞에 섰다. 적색의 아스팔트 바닥을 보았다. 500원을 꺼내 모르는 인간에게 주었다. 버스 정류장 앞에 섰다. 고장 난 자판기 앞에 서 있었다. 77번 버스를 탔다. 눈을 감았다.

빗줄기가 눈꺼풀을 내리치고 있었다. 77번 버스를 탔다. 자판기에 대고 욕을 퍼부었다. 의자에 앉았다. 꿈에 대해 생각했다. 모르는 인간의 뒷모습을 바라봤다. 머리카락에서 뚝뚝 떨어지던 빗방울 중 하나가 동공을 찔렀다. 의자에 앉았다. 목소리를 듣지 못했다. 꿈속에서 사람을 한 명. 다시 뛰기 시작했다. 오른손으로 왼쪽 어깨를 잡았다. 눈을 감았다. 차창에 번지는 빛과 물방울을 바라보았다.

아우또노미아

사람과 함께 카페에 갔다가 우산이 바뀌었다. 카페에 도착하고 5분도 채 지나지 않았을 때였다. 나는 점원에게 CCTV를 확인할 수 있는지 물었고, 녹화된 영상을 보여 주며 점원은 말했다. "당신의 우산은 여전히 카페 우산 통에 꽂혀 있다." 나는 영상을 통해 내가 우산 통에 장대 우산을 꽂는 장면과, 그 뒤 우산 통을 건드리거나 카페 밖으로 나간 사람이 없다는 것을 확인했다. 그러나 우산 통에 있는 우산은 원래 내 우산이 아니었으므로 점원에게 나는 묻게 된다. "바뀐 게 우산이 아니라 나였나요?" 원래 내 장대 우산의 손잡이는 갈색의 고리 모양이다. 영상 속 내가 우산 통에 넣은 우산 손잡이는 검은색의 원기둥 모양이며, 카페 우산 통에 꽂힌 장대 우산의 외형은 영상 속 내가 우산 통에 넣은 장대 우산의 외형과 같다. 바뀐 우산을 쓰고 집으로 돌아오는 길, 사람은 바뀐 우산이 바뀌기 전의 우산보다 좋은 우산이냐고 내게 물었다. 크기도 모양도 비슷해서 잘 모르겠다고. 아니, 애초에 비슷하니까 바뀔 수도 있던 게 아니겠냐고 내가 대답했을 때, 빗방울 하나가 툭 정수리에 떨어졌다. 우산이 바뀌지 않았을 땐 맞아 본 적 없던 물이.

아우또노미아

플라스틱 벽으로 조직된 실험실 안, 과학자들이 몰려 있다.
수군거린다.

오늘도 한 건 해냈군
사랑 하나를 또 발명해 냈어

이번엔 살릴 수 있을까?

나는 사랑을 본다. 사랑의 재질이 유리와 유사해 보여서, 순간
적으로 나는 사랑의 표면에 물세례를 날린다. 사랑이 나를 본다.

미안

순간적으로 나는 사과한다. 순간적인 일들이 반복되었으므로
사랑은 재생인가. 사랑을 쳐다보며 나는 중얼거린다. 과학자들이
키득대기 시작하고 나는 그들이 웃는 까닭을 추리한다. 1. 내가
서툴러서. 2. 내가 무슨 짓을 해도 사랑은 내게 관심이 없을 것 같
아서. 3. 나도 과학자니까. 나는 묻는다,

4번입니까?

과학자들이 웃음을 멈추고 나를 본다. 사랑이 과학자들 사이를 가로질러, 내 앞에 선다. 왼손으로 내 주머니에서 4번을 꺼내고, 오른손으로 내 왼손을 잡으며 묻는다.

어디서 난 거야

                                              몰라 그냥 있던데

거짓말

                                                              왜

다칠까 봐

                              그게 더 다칠 것 같은데

테트리스 할래?

                        누가 세로로 떨어질 건데?

그리하여 실험실 밖으로 동시에 떨어진 우리는 달리기 시작한다. *뛰어!*
더 빨리! 잠깐만, 망설여도 쌓이는

ㄱ
ㅗ
ㄴ
ㅣ

떼가 하늘을 가로지른다.

　고니의 종류는 흔히 두 가지다. 흑조와 백조. 오리과에 속하는
대형 물새로 겨울철에만 우리나라를 찾는다고 달리던 도중 사랑
이 말한다.

잠깐,
지금 8월인데?

에코그라피

　그날 내 앞에 있던 버튼은 두 개였다 녹색과 빨강. 녹색은 직진
하고 빨강은 멈춘다 이게 그 색들에 대한 정의였지만 그날 내가
한 일은 빨강을 누르고 직진하는 일이었고 결과는

　빠

　　ㅇ

　　　을 부드럽게 감싸고 있는 포장지에는 배우 김국진의
얼굴이 붙어 있었다 김국진빵은 90년대에 열풍이었지만 지금은
나오지 않는 빵으로, 알고 있었는데 이게 왜 내 손에 있지? 어처
구니가 없어 손바닥을 펼쳤더니

　네가 나를 보고 웃는다

　그렇게 웃지 마
　아직 시작도 안 했으니까

　네 손바닥은 내 손바닥보다 약간 더 컸다

　그게 중요해? 묻는 너와 내가 다시 만났던 날 내가 쓸 수 있는

얼굴은 두 개였다 얼굴과

　얼굴

　내가 내 예상보다 쉽게 우리 사이를 정의하지 못한다는 사실이
나를 미치게 했다 간단하잖아 그냥

　믿으면 돼

속아 주면 되는데 왜
불투명한 선반을 끌어안고 있지? 선반 위 놓인

　투명한

빠- ㅇ ㄴ늘만큼은 보고 싶어

나: 내가 보고 싶은 건 'ㅇ　ㄴ늘'일까
　'만큼은'일까?
너: 차단

차단을 영어 모드의 키보드로 치면 ckeks이다. ckeks을 어학 사전에 검색하면 이렇게 뜬다. "단어의 철자보다 일반적인 검색어로 띄어쓰기를 확인해 보세요"

그래서 나는 다시 검색했고

나: хотелось бы видеть?

스쿠터를 타고 신호등 앞에 섰을 때 운전대를 잡은 건 네가 아니라 나다,

아나모사

북생수섬에 사는 생수어를 구사하는 부족이다. 아프리카에서 18만 년 전에 건너온 직계 후손으로, 현재 북생수섬에서 약 400 명에서 500명 정도가 거주하는 것으로 추정되지만, 이들 스스로 가 자신의 영토인 북생수섬으로 외부인이 들어오는 것을 거부하 고 있어 정확한 실태를 파악하기 힘들다.

사용법

제품명: 아나모사. 품목명: 인간 샘물. 내용량: 2.5kg~150kg. 출 신: 북생수섬. 포장 재질: 용기-폴리에틸렌 테레프탈레이트, 폴리 에틸렌. 보관 및 취급 방법: 직사광선을 피해 서늘한 곳에 보관해 주시기 바랍니다. 사용 시 주의 사항: 가열 또는 냉동 등의 급격 한 온도 변화 시 기분 기복이 생길 수 있으나 이것은 일시적인 것 으로 제품에는 이상이 없으니 안심하십시오. 본 제품은 공정거래 위원회 신고 시 소비자 분쟁 해결 기준에 의해 교환 또는 환불받 을 수 있습니다. 유통기한: 용기 상단 표기 제조일로부터 사망일

사용법에는 없는 주의 사항

만나면 좋은 아나모사인들은
만날 땐 좋지만
헤어진 뒤
좋았던 만큼 아프게 만드는 것이 특징입니다
그러니 아나모사인들을
너무 자주 만나거나
좋아하진 마세요
그들은 당신을 떠나
그 존재가 생성된 곳으로 돌아갈 것이므로 물론

이 주의 사항엔 거짓이 섞여 있다

공중 공간

두 갈래로 갈라진

방 앞에 서 있는 한 사람에 관한 그림이다. 두 갈래로 갈라진 방 앞에 서 있는 한 사람이 방에 입장하는 대신 그 방의 입구에 서서, 남몰래

외투에 숨긴 커피를 꺼내
마실 수 있는가

에 관한 그림이다. 그 사람이 왜 커피를 외투에 숨겨야만 했는지, 외투는 컵이 아닌데 어떻게 커피를 외투에 숨길 수 있었는지, 에 관해서는 말하지 않을 거야

말한다는 건
용서한다는 뜻이니까

너는 종일 자고 또 잔다

사람들은 한 사람에게 그 방이 왜 두 갈래로 갈라졌는지 묻지 않는다. 않고 말하지. 없애

그 방에도 있는데
그 방에도 사람이

있는데 말한다 없애 방인 척하는 무덤이야

어떻게 그렇게 확신합니까
때릴 수 있는 것과

없는 것. 너는 외투를 입는다

누워서
누워서 입고 나를 흔든다

아기

에티오피아,

그와 가장 가까운 사람

그는 원하는 게 없다고 했다. 그와 가장 가까운 사람의 말에 따르면 말이다.

원하는 것도 없고

하고 싶은 건 더 없어서 걱정이라고, 그와 가장 가까운 사람은 말했다. 나는 그와 가장 가까운 사람이 괜한 걱정을 한다고 생각했다.

내가 볼 때 그는 원하는 것도 많고, 하고 싶은 건 더 많았기 때문이다.

다만 그가 자신이 원하는 것에 대해 그 누구에게도 말하지 않았던 까닭은, 말해도 가질 수 없다는 걸 알고 있었기 때문이 아닐까, 나는 생각했다. 그는 가질 수 없는 것을 가지고 싶다고

말하는 일이

자신에게 어떤 의미가 될 수 있는지, 알 수 없다고 생각하는 것

같다고. 그는 알 수 없는 일을 하고 싶지 않아 하는 것 같다고. 그 렇다고 그가 알고 있는 일이 많은 것 같지도 않았지만. 그런데

　나는 대체 어떻게 그에 대해
　그와 가장 가까운 사람보다 더 잘 알고 있는 것일까?
　나는 그를
　한 번도 본 적 없는데

　어떻게?

　같은 생각을 할 때쯤, 나는 사랑하는 사람을 만나게 되었다. 내가 사랑하는 사람은 원하는 것도 많고, 하고 싶은 것도 많은 사람이었기에 나는 종종

　그 사람과 다르군,

　생각했다. 달라서 좋군. 생각하고. 달라서 슬프군. 생각했다. 내가 사랑하는 사람과 나는, 종종 그와 가장 가까운 사람과 함 께 커피를 마시곤 했다. 그와 가장 가까운 사람의 말에 따르면 그

는 커피를 좋아하지 않기 때문에, 이 자리에 나올 수 없다. 그러나

그는 사실 커피를 좋아하지 않는 사람이 아니다.
다만 그는 커피를 마실 수 없는 사람이다.

그와 가장 가까운 사람은 왜 그에 대해 나보다 잘 알지 못하는 것일까?

나보다 훨씬 더 많이
그를 보고 있는 사람이면서,

왜?

내가 사랑하는 사람이 내게 물었고, 그걸 내게 질문한 사람이 내가 사랑하는 사람이라서

괜찮다고 말했다. 그와 가장 가까운 사람에게.

느낌의 기원

공 하나가 굴러왔다

데굴

하고. 데굴데굴, 하고. 나는 양손으로 공을 붙잡아
터뜨렸다

이렇게 **!**

베단타

나는 잘 지내고 있다. 낮에는. 밤에는 누군가 내 목을 꿰뚫기 위해 창살 사이로 나를 훔쳐보고 있는 것만 같다. 밤에는 나를 보러 왔던 사람들이 집에 돌아가기 때문이다.

나는 사냥당한
사자다

그러나 내가 정말 사자라면 이런 말을 하고 있을 리 없지. 한다고 해도 네가 이해할 수 있을 리가. 아니면 너도 사자든가. 하지만 너는 너무 사람이고 내가 그걸 알고 그걸 아는 나는

너를 흉내 내며

마치 나에게도 무기라는 게 있고, 그걸 자유자재로 사용할 수 있다는 듯 군다. 가령

투명하지만

깨끗하지는 않은

물이 바닥에 고여 있다면
나는 물을
마시는 일을 좋아한다 뜯어서 당기듯이
먹는 일을 좋아한다

먹는 것

그것은 내게 먹히는 대상을 내가 관리할 수 있다는 착각에 빠
지게 한다. 하지만 없지. 내가 관리할 수 있는 일 같은 거. 없다는
거. 알지만 나는

우물거린다

우물우물. 새까만. 빛 하나 없이 깜깜한 우물 안을 들여다보며.
무섭다고 생각한다. 무섭다고, 중얼거리다 더는 먹을 게 없다고
생각한다. 씹어 먹으면서.

반입자

이 기억은

기억에 대한 기억이다 아직 기억해 내지 못한 기억에 대한 기도다 처마 끝에 매달려 흔들리는 옷자락이다 나는 옷자락을 본다이 옷자락은 내 기억과 연관된 옷자락이 아니다 그러나 내가 이옷자락을 기억할 수 있다면. 이 옷자락도 내 기억에 대한 기억이될 수 있다면. 내가 미처 기억해 내지 못한 기억. 자꾸만 흔들리는. 그 기억은 어느 날 내가 스치듯 본 버스 한 대를 떠올리게 한다 그 버스는

윤곽만 존재해 안팎이 구별되지 않았으며

버스 우측에는 다음과 같은 문구가 적혀 있었다

받지 못한 사과와
주지 못한 사과의
낙차

버스는 횡단보도에 새겨진 흰 선을 밟았다 뗐다 다시 밟기를

반복하는 너의 곁을 스쳐 지나간 채 내게서 멀어졌다

나는 아직도 왜 그때 내가 비명을 지르지 못했는지 알지 못한다

기획하지 마

너는 빠져나가는
사람이 아니고.
너는 빠져나갈 수 있는
사람이 아니고
네가 매일

보고 싶었던 건 두 사람이었지만 우리가 볼 수 있었던 건 한 사람, 이었으므로. 뒤돌아볼 때마다 자신의 혀를 자르는 존재가 있다고 하지

그 존재의 이름이, 뭐였더라?

아몰퍼스

벌레 하나가 바닥을 기어간다. 당신은 셈을 셀 때 유기체와 무기체를 구분하지 않는다. 장르를 구분하지 않는다. 동일하다. 인간을 셀 때도 마찬가지인 당신은 인간과 벌레의 차이를 눈치채고 있는가. 이곳에 작성될 과거형 문장은 대부분 1인칭이지만 모든 과거형 문장이 1인칭은 아니다. 그러나 사과의 문장은 형태의 영향을 받지 않는다. 전부

3인칭이다. 거미 하나가 허공에 떠 있다. 거미줄은 보이지 않는다. 공중 부양이 가능한 거미를 당신은 본 적 없지만 본 적 없다고 공중 부양이 가능한 거미의 존재 유무를 판단할 수는 없다고 생각하는 당신의 생각은 생각에서 비롯되지 않는다, 고 믿는 당신은 같은 말을 같은 말로 하는 취미와, 취미와 습관을 혼동하는 특기를 가지고 있다. 이후 작성될 문장의 일부는 그런 당신에 관한 기록을 목적으로 하지만 기록의 유효기간이 당신의 생보다 짧기에, 당신은 교복을 입고 책상에 앉는다. 당신과 같은 교복을 입은 인간들과 당신과 같은 책상을 소유한 인간들이 당신과 같은 공간에 앉아 있다. 당신은 허리를 곧추세우고 당신의 빈 옆자리를 본다. 당신과 같은 책상이지만 주인이 다른 책상에는 주인 대신 노란 꽃 한 송이가 놓여 있다. 교탁에 선 인간은 출석부를 펼친다. 말한다.

"□가 죽었다."

당신은 오후의 한복판에 서 있다. 오문(誤聞)을 믿는 당신은 오른손으로 정수리를 덮으며 "볕조차 차가웠다."라고 말할 수 있다. 당신의 시야에 인간1이 걸어 들어온다. 인간1은 당신의 발 앞에 잠깐 멈춰 섰다, 가 당신과 함께 걷기 시작한다. 인간1과 당신은 상대를 마주 보는 일 없이 정면만을 응시한 채 당신과 인간1은 걷고 계속 걷고 인간1과 당신은 또 걷다가 등장한 골목으로 들어간다. 골목에는 당신과 인간1을 제외한 인간이 넷 있다. 당신은 당신을 제외한 다섯 명의 인간들의 이름을 알고 있었지만 인간들의 이름을 얼굴과 매치시키지는 못했는데 그걸 인간들에게 들킨 적은 없었고 중앙에 앉아 담배를 피우는 인간2는 라이터를 켰다가 껐다가 다시 켜기를 반복하며 "□가 죽었다." 말한다. 그 말에 질문하거나 대답하는 인간은 없다. 인간1은 책가방에서 전단지 뭉치를 꺼낸다. 불이 라이터에서 전단지 뭉치로 옮겨 간다. 당신은 일그러지는 불길과 일렁이는 인간들의 윤곽을 지켜보다 다른 인간들과 함께 쓰레기 몇 개를 불길에 던진다. "그 새끼들도 똑같이 죽여 버릴까." 인간4가 말한다. "죽어 싸잖아." 불길의 높이가 높아지고 "그래 그러자." 인간3이 코를 훌쩍이고 "다 죽여 버리자."라는 대답과 인간들의 욕설 섞인 울음소리를 당신은 듣는다. "진심이야?" 인간 셋이 당신을 쳐다본다. "어떻게 죽일까 그럼?" 당신이 말한다.

인간2가 죽어 싸다고 표현한 놈들, 놈들과 당신은 아는 사이가 아니다. 놈들은 당신의 이름과 얼굴을 모른다. 당신 역시 놈들의 이름과 얼굴을 모르지만 놈들의 나이가 대부분 만 14세 미만이라는 건 안다. 만 14세 미만은 법적 처벌 대상이 아니다. 놈들과 당신의 나이는 같다. 당신은 법적 처벌 대상이 아니다. 보다 용이한 정보 전달을 위해 이후의 기록은 문단이 바뀔 때마다 14세의 당신과 23세의 당신을 번갈아 등장시키기로 한다. 23세의 당신이 등장하는 문단은 어떤 형태로든 '벌레 하나가 기어간다.' 가 첫 문장일 예정이지만, '벌레 하나가 기어간다.' 가 첫 문장으로 시작되는 모든 문단에 23세의 당신이 반드시 등장하는 건 아니다.

손가락 마디만 한 벌레 하나가 바닥을 기어간다. 인간 하나가 악 소리를 내며 벌레와 거리를 둔다. 인간은 생각한다. '벌레가 없었으면 좋겠지만 내가 없애긴 싫었다.' 당신은 검지와 엄지로 벌레를 집는다. 당신에게 벌레는 생명체로 취급되지 않아 죽인다는 표현은 옳지 않고 죽일 수도 없다. 당신은 창문을 열고 창밖에 벌레를 놓고 창문을 닫는다. 강의실 문이 열린다. 교수가 먼저 들어오고 뒤이어 맨몸에 검은색 가운을 한 장 걸친 인간이 따라 들어온다. 머리색이 노랗다. 가운의 색과 대조되어 더 노랗게 보이는 이 인간을 당신은 노랑이라 부르기로 한다. 노랑이 강의실 한가운데에 선다. 강의실 책상은 일렬이 아닌 토론식 구조의 원형으로 배치되어 있어 인간들의 시야를 합치면 360도의 각도에서 노랑을 볼 수 있다. 난로에 불이 켜진다. 노랑이 가운을 벗는다. 순간 "노랑의 몸에서 뻗어 나온 빛이 사위를 샛노랗게 물들였다."

고

당신은 기록한다. 노랑의 몸은 쇄골부터 가슴을 지나 허벅지까지 앞뒤로 타투가 박혀 있어 "맨몸인데도 옷을 입은 것처럼 보였다." "타투를 그리는 건지 노랑을 그리는 건지, 타투가 박힌 노랑을 그리는 건지, 노랑이 박힌 타투를 그리는 건지 알 수 없었다." 노랑은 4분을 간격으로 포즈를 바꾸고 당신과, 당신과 같은 공간에 앉아 있는 인간들은 콩테나 붓펜으로 노랑을 스케치한다. 4분은 당신과 인간들에게 긴 시간이 아니지만 노랑에게도 긴 시간이 아닐지는 알 수 없었고 포즈를 바꿀 때마다 노랑의 복부는 부풀었다가 가라앉았다가 다시 부풀었고 그때마다 당신은 당신의 복부에 왼손을 얹고, 부풀었다가 가라앉았다가 다시 부푸는 게 노랑과 당신의 배만은 아닐 거라 "생각했다."

"나만 사랑하라." 조각칼로 나무 팻말에 글자를 박으며 인간은 말한다. 당신은 인간의 시커먼 엄지손가락을 보며 그래도 되냐고 묻는다. 물론 질문의 대상이 인간의 엄지손가락은 아니었고 때문에 인간의 엄지손가락은 어떤 대답을 고르는 대신 조각칼로 팻말을 파고 또 팔 수밖에 없었는데 그때마다 당신은 "고백한 적도 없는데 거절당하는 기분이 들었다." "기분을 고백할 때는 기분을 고백할 때 필요한

기분

보다 더 많은 기분이 필요한 것 같았다."라고 고백하게 되고, 이 고백은 누구에게 하는 말이었는지 누구에게도 밝히지 않은 탓에 11년 뒤 당신과 함께 행방불명된다. 인간은 당신에게 팻말을 내밀며 "이게 우리 집 가훈이었다." 말한다. 이 대사를 끝으로 며칠 뒤 인간은 사기죄로 교도소에 수감된다. 당신은 인간과 당신의 관계가 언제부터 우리라 칭할 수 있는 것이었는지, 서로에게 집이라 부를 만한 공간이 있기는 했는지, 2년 11개월 21일 만에 당신을 찾아온 인간의 자식이 당신이라는 걸 잊지는 않았는지 궁금하지 않다고 생각한다. "칼국수 만들어 주세요." 당신이 말한다. 당신과 인간의 나이 차는 스물셋이고 인간과 마지막으로 본날 당신의 나이는 14세다. 당신은 인간에게 딱 하나만 빼고 무엇도 배우고 싶지 않았는데 웃기게도 그것 하나만 빼고 전부 배우게 된다. 면 요리를 할 때 직접 면발을 뽑는 재주는 당신과 인간둘 중 한 인간에게만 있었고

'지금

이 상황에 왜 그 인간 생각이 나는지 궁금하지 않았다.'라고 생각하며 당신은 불길 속에서 전단지 하나를 빼낸다. 전단지 끝에서 타들어 가는 불씨를 발로 짓밟고 전단지를 내려다본다. 전단지 색은 빨갛고 전단지에 새겨진 글씨는 빨갛지 않았지만 글씨

를 알아볼 수 있다고 읽을 수 있는 건 아닌 당신은 책가방에서 커터 칼 하나를 꺼낸다. 다섯 명의 인간들이 당신을 지켜보고 있다.

　　손톱만 한 벌레 하나가 천장을 기어간다. 벌레는 아주 느리게 얼핏 보면 움직이지 않는 것처럼 형광등을 향해 기어가고 있다. 강의실에 남겨진 인간은 당신이 유일하므로 벌레의 존재를 눈치챈 인간 또한 당신뿐이다. 당신은 중얼거린다. "무턱대고 꾸며지거나 들키지 못해 발악하는," 당신은 고개를 숙인다. 당신의 뒷덜미와 안구는 당신의 생각보다 견고하지 못해 곧 피로해진다. 당신은 스케치북을 내려다본다. 물감을 엎지른 듯 샛노란 배경 위 군청색으로

he'd kill
us If he had
a
chance.

글자가 스케치북을 채우고 있다. 이 글자가 당신이 그린

첫

　누드화. 당신은 애쓴다. 노랑의 얼굴을 떠올리려 애쓰지만 당신이 기억할 수 있는 건 빛나는 노랑. 샛노란 노랑. 당신의 시야를 압도하는 노랑뿐이다. "노랑." 당신이 중얼거린다. 그렇게 중얼거리자 당신은 어쩐지 "나에게도 아직

　잃어버릴 게 남아 있는 것 같았다." 인간들과 함께 걷되 가장 먼저 강의실을 빠져나가던 노랑. 노랑의 키는 당신의 짐작보다 크지 않아 인간들과 함께 섞여 있으면 튀지 않는다. "노랑." 은행잎의 노랑을 닮았지만 그 어떤 노랑도 아닌 당신의 가치판단 내 절대적으로 완벽한 노랑. 당신의 시선이 노랑을 쫓는다. 당신이 좌측에 있으면 노랑은 당신보다 아주 약간만 더 좌측에 있어 "한 발만 움직여도 몸이 닿을 것만 같았다." 당신의 발등 위로 노랑이 쏟아진다. 당신의 배. 당신의 가슴. 당신의 이마 위, 쏟아지는 노랑.

노랑,

노랑과 당신이 다시 마주치게 되는 날 당신과 노랑은 서로를 알아볼 수 있을까. 당신이 고개를 뒤로 젖히고 천장을 응시한다. 당신의 시야에 벌레가 잡히지 않는다. 벌레가 형광등에 도착하기 전 낙하했을지 도착한 곳에서 빠져나가지 못한 채 타 죽었을지 궁금하다고 생각하는 당신은 뭔가를 궁금하다고 생각하는 당신 스스로에게 놀라다가, 전부 잊어버린다.

　"이렇게 죽일까?" 당신이 묻는다. 전단지 하나를 바닥에 눕히고 커터 칼로 북북 찢는다. 당신은 너덜너덜해진 전단지를 바라보다 죽은 걸까, 생각하지만 전단지는 살아 있던 적이 없어 죽지 않는다. 어쩌면 그건 인간도 마찬가지고 이런 식으로는 어떤 것도 죽일 수 없고 죽지도 않는다, 고 생각하는 당신은 "❏ 역시 죽었다는 생각이 들지 않았다." 당신은 방 안에 들어온 벌레 하나를 창밖에 내다 버리듯 놈들을 하나씩 내다 버려야겠다고 생각하지만 내다 버릴 장소를 몰라 어디에도 가지 못한다. 불
　길이 잦아든다. 태울 게 없는 불길은 스스로 꺼진다. 다섯 명

의 인간들은 화내고, 운다. 그중 몇은 자신이 누군가를 위해 울 수 있고, 그걸 증명해 줄 수 있는 인간들과 함께 있다는 사실에 안도하며, 고백한다. 각자가 기억하는 ❏에 대해 고백한다. 고백하면 할수록 "멀어지는 ❏. 멀어지면 질수록 명확해지는 처벌의 대상들."

울지 않으면 추궁당할 것 같은 분위기에 당신은 입술을 찡그린다. 눈을 꽉 감는다. 눈물 한 방울이 찔끔 맺히고, 토할 것 같은 기분에 휩싸인다. "그래도 사람을 죽이는 건 안 돼." 인간들 중 하나가 작은 목소리로 "우리도 똑같은 놈이 될 순 없잖아." 말한다. 순간, 당신은 아주 불쾌한 단어 하나를 들었다고 생각했지만 "그게 무엇인지는 알고 싶지는 않았다."

불길이 완전히 잦아든다. 바람이 안면을 깎는다. 골목이 어두워진다. 잠깐의 침묵. 어떤 소리도 들리지 않는다. 이곳에서 가능한 소리를 당신과 인간들은 알지 못한다. 정적을 깨고 인간4의 휴대폰이 울린다. 기다렸다는 듯 인간들이 양팔을 비비며 하나둘 자리에서 일어난다. 당신과 인간1은 골목에 들어왔을 때처럼 함께 골목을 빠져나간다. 인간1과 당신은 걷고 당신과 인간1은 또 걷다가 인도의 한복판에 선다. "잘 가." 형식적인 인사를 한다. "응." 상가의 불빛이 당신과 인간1의 얼굴에 명도를 새긴다. "있잖아.” 서로에게 등을 돌리고 돌아서기 직전, “▢가 죽었어.” 인간1이 말한다. 당신의 캄캄한 눈동자를 응시한 채. “죽어 버렸다고.” 말한다.

　　점만 한 벌레 하나가 모니터 위를 기어간다. 당신은 개의치 않고 영상을 튼다. -칼라도스도 안 돌아와. 이 문장은 당신이 튼 영상의 첫 대사다. 스크린에 자막이 뜬다. 무전이 울린다. “3관 자막 팀입니다. 영상 처음부터 리플레이 부탁합니다.” “네 확인.” 당신은 답한다. 영화관이 캄캄해진다. 당신은 영상을 다시 처음부터 재생한다. 스크린 도어에 다시 자막이 뜬다. -칼라도스도 안 돌아와. 영화가 재생된다. 어린 인간과 늙은 인간 둘이 등장한다. 영화는 1배속으로 상영되지만 자막은 64배속 이상으로 빠르게 지나가고 대부분의 자막은 너무 빨리 지나가 알아볼 수 없지만, 어떤 자막은 글자 크기나 밝기 문제의 점검 사유로 지나가지 못하고 스크린에 고정된다. 당신은 매일 세 편의 영화를 상영하고 세 번째 영화를 상영할 때, 세 편의 영화의 시간과 사건, 제목과 내용에 관계없이 기억나는 대사들을 기록한

　　다.

-해가 떴어요. -오 어떻게 이런 일이. -만나서 반가워요. -말씀
하세요. -그러니까. -맙소사! -당신의 이름이 칼라도스가 맞나요?
-그러게요 마침 나도 출출하던 참이었어요. -그곳에 가면 안 돼! -
그렇게 말해 주다니 기쁘군요. -사람들이 우릴 가만두지 않을 거
야. -먼저 가. -조금만 천천히 가면 안 돼? -엄마! -사람은 다 어른
이 되기 전에. -이걸 꼭 갖고 있어라. -글쎄요. -그건 2년 전 일이었
죠. -내가 멍청이로 보여요? -역시 당신이라면 알아볼 줄 알았어. -
이것도 사랑이라 부를 수 있을까. -잘못했어요. -여기야. -그게 아
니면 난 죽고 말 거에요. -이곳에서 가능한 소리는 숨소리뿐이다.
-이걸 먹어. -그들은 신문 속에만 등장했다. -죽었어. -칼라도스! -
아니요. -뭐해? -국수 먹어요. 아버지는요? -국수 먹어. -나는 그저
지켜보기만 한 죄밖에 없어. -할 수 있으면 해 봐!

-기회가 되면 그가 우릴 죽일 거야.

-당신이 거짓말하고 있다는 건 알고 있어요. -당연하지 한 발
이면 충분해. -울어? -해낼 줄 알았어. -사람은 규칙적으로 멋진
장면을 볼 필요가 있어. -여보. -그 아이는 빛났고, 나는 늙었다. -
루이라고 해요. -변호하는 수준이 다 거기서 거기지 뭐. -날 믿어?

-여기를 떠날 거야? -네가 숨겼지? -왜 그렇게까지 하는 거야? -하하하! -오후 7시. 공원에서 기다릴게요. -봤어? -이제 놓아줘. -비둘기들이 우는 소리를 들어 본 적 있나요? -씨발. -여기 있는 거 다 알아. -아버지 왜 그래요? 어디 아파요? -너무 덥다 그치? -보고 싶어요. -눈 온다. -와 상상만 해도 소름 돋아. -너 설마 아니지? -미안해. -지금이 몇 시인 줄은 알아? -너 혼자 도망쳤지. -사실은 저도 아버지께 배우고 싶은 일이 있어요. -거짓말. -씨발. -내가 더 이상 뭘 더 어떻게 해야 되는데? -왜 엄한 사람을 잡아 잡길. -좆까 개새끼들아. -그 애를 두고. -죄송합니다. -어느 날 갑자기 우리가 서로를 떠나도 우리는 괜찮아. -추워. -언덕을 내려오면서 나는 울었다. -저기요 길 좀 물을게요. -칼! -칼라도스도 안 돌아와. -칼라도스도 안 돌아와. -칼라도스도 안 돌아와. -칼. -아직도 저 소리가 안 들려? (참새 와 참새 트럭 과 트럭 참새 와 트럭 과 참새 위

를 지나치는 인간 과 인간의 발자국)

—어디야?

껍질을 까지 않은 채 달걀을 먹었다면,
지구 정도는 지켜 줘도 괜찮잖아?

그 사람

그 사람은 지루성 두피염 환자였다. 그가 두피를 털 때마다 세계에는 눈이 쏟아졌는데, 그의 두피염이 만성이었던 탓에 세계에는 365일 내내 눈이 그치지 않았다. 바야흐로 세계는 얼어붙었고

사람들은 불을 믿기 시작했다.

불의 신전은 나날이 번창했고 먹을 것이 넘쳤다. 덕분에 바퀴벌레들이 꼬이기 시작했는데 바퀴벌레 퇴치에는 사스코가 제일이었으므로 덩달아 부자가 된 사스코의 창시자 김창남은 탈모였다.

김창남

사스코의 창시자이자 과학자이자 탈모인 김창남은 머리를 만질 때마다 두피만 만져지는 게 끔찍했던 나머지 자신의 두피를 벗기는 연구에 심취했고, 성공했다. 두피가 벗겨졌는데도 즉사하지 않는다니! 내 생각이 옳았어. 두피가 죽음 따위와 교환 가능할

리 없었던 거야!

　김창남은 환호했고 자신의 연구가 학계를 뒤집어 놓을 것임을 확신했다. 두피가 없어 뼈와 뇌가 훤히 들여다보이는 김창남의 두상은 기이한 형상을 띠고 있었다. 다음은 김창남의 머리를 본 의사 뿌가츄의 질문이다. *왜 이제야 왔지요?*

　나의 불이시여,

뿌가츄

　의사이자 불의 신전의 예언가였던 뿌가츄는 네가 신전에서 쓰는 예명이었다. 불의 신전의 신도들은 너의 예명이 왜 뿌가츄인지 궁금했지만, 너와 동일한 언어를 쓰는 인간이 단 한 명도 없었기에 네게 질문할 수 있었던 인간은 없었다. 그러나 너와 김창남이 만난 곳은 신전이 아니라

　병원이었으므로

너희가 사용하는 언어는 다르지 않았고 덕분에 김창남은 네게 이런 말도 할 수 있었는데 "너도 나처럼 되고 싶어?" 그러자 네 몸에서 강력한 전자파가 발산되기 시작했다. 전자파에 감전된 김창남의 뇌는, 구불구불한 모양에서 빳빳한 직선의 모양으로 그 형태를 변이했고, 이 모든 것을 지켜보고 있던 그 사람은 문득

자신의 두피염이 씻은 듯이 나았다는 걸

눈치챘는데, 세계에 더는 눈이 내리지 않게 되었으므로 사람들은 더는 불의 신전에 공물을 바치지 않게 되었고, 신전의 바퀴벌레들 또한 세계 곳곳으로 흩어지니, 졸지에 주요 거래처를 잃게 된 김창남은 네게 말했다 이 꼴이 됐는데도 *왜*

나는 너를 믿고 싶지?

*

더는 눈이 내리지 않게 된 이 세계에, 마지막으로 눈이 쏟아졌던 그

66

날 난 벽난로 앞에 있었고

넌 바구니 가득 성냥갑을 채워 집을 나설 채비를 하고 있었다. 내가, 어디 가? 물으니 너는, 보면 몰라 이년아? 대답했고, 순간 나는 네가 동화 속 성냥개비 소녀라는 걸, 눈치챘는데

그걸 입 밖에 내지는 않았다. 네가 정말 그 소녀라면 넌 나를 낳기도 전에 죽었을 거고 그럼 내가 이렇게 벽난로 앞에 앉아 있을 리도 없으니까. 그러나 너는 그 소녀가 맞았고, 그렇다면 어떻게 나도 너도 여기, 이 공간에 함께일 수 있는 걸까? 나는 너를 향해 손을 흔들었다. 문이 잠깐 열렸다가 닫히는 소리가 난 뒤 창밖으로, 펑펑 쏟아지는 눈 속을 걸어가는 너의 뒷모습이 보였고 작아지는 발자국, 그 위 쏟아지는

너를 나는 사랑해. 그러니까 죽지 마.

모브, 사이코, 100

환자는 의자에 앉아 있지만 의사의 말을 믿지 않는다. 의사는 매번 같은 약을 처방하거나 조금 비슷한 약을 처방한다. 의사의 말을 믿지는 않지만 환자는 언제나처럼 처방전을 들고 약국에 간다. 환자의 얼굴을 외우고 있는 약사는 처방전을 보지도 않고 환자에게 알약 여섯 개를 내민다. 처방전을 왜 보지도 않냐고 환자가 따지지 않았기 때문에, 봤다고, 약사는 해명하지 않는다. 그러나 사과를 원했던 환자는 유리문을 등에 업고 약국을 빠져나간다. 유리문이 출입구에서 너무 가볍게 분리되었으므로 약사는 상황을 믿지 않는다. 약사는 자신의 시야에서 멀어지고 있는 환자의 등 위로 녹아내리는 유리문을 발견하고 약국의 내부를 둘러보며 중얼거린다.

멀쩡해?

질질 흘러내리는 유리문을 등에 업은 환자는 주머니에서 알약 하나를 꺼낸다. 이제 주머니 속 알약은 총 다섯 개로 각각의 약은 각각의 상황에 맞게 먹어야만 그 효능을 발휘할 수 있으나 의사와 환자와 약사, 셋 중 누구도 각각의 상황과 그에 맞는 각각의 약을 매치시키지 못해 사기꾼, 멍청이, 돌팔이라는 수식을 나눠 갖고 친구가 된 세 인간 중 한 인간이, 이게 다 너 때문이라고, 네가 속이지만 않았어도 우리가 이 지경이 될 일은 없었을 거라고, 말하려다 말았다는 것을 떠올리며 환자는, 흘러내리는 유리문 위에 알약을 올리고 중얼거린다.

무거워? 그런데

녹고 있다면 그건 유리문이 아닐지도 모르겠다고 빈 의자를 지켜보며 중얼거리는 인간이 누구일지 고민하는 인간은

어째서 셋이 아닌가.

떠올리면 복잡한 마음이 든다

복잡한 마음이 드는 일이 좋은 일인지 알 수 없는 나는
떠올리는 일이 좋은 일인지 알 수 없다

떠올리는 일이 좋은 일인지 알 수 없지만 나는 떠올린다
나는 알 수 없을 것 같은 일만 떠올리고 싶다

떠오르지 않는 일은 내가 답을 내지 않아도 될 것만 같은 일

내가 답을 내도 될 것만 같은 일
그런 일이 뭔지는 알 수 없지만

나는 복잡한 마음이 든다

복잡한 마음을 느끼는 일이 좋은 일인지 알 수 없는 나는
알 수 없기 때문에 떠올리는 일을 반복한다

나는 떠올리고 있다
나는 복잡한 마음을

떠올리고 있다

복잡한 마음은 간단하게 정의할 때 안심된다

나는 간단한 마음을 떠올리고 있다
나는 간단한 마음에 안도하고 있다

라고 적으면 간단한 마음 같은 것은
전혀 원하지 않는 마음인 것만 같은 나는

떠올리고 있다

떠올리고 있었다

예언가들

신탁을 받았다

아무 말도 할 수 없을 거고
어떤 말도 하고 싶지 않을 것이다

신탁을 받았으니 나는 예언가구나

신탁을 들고 광장에 갔다
사람들이 일렬로 서 있었다
종이를 들고 한 장씩

자신의 죄를 낭독한다

혼자 있기 싫으니까 나도 낭독이나 할까
신탁이 적힌 종이를 들고 줄의 맨 끝에 서서

제게 죄가 있다면 그건
끝끝내 그 무엇도 들키지 못한 것입니다

읽자, 사람들이 나를 쳐다본다 아
맞다 나 예언가였지 네가 야

거기서 뭐 해 하는 표정으로 나를 본다
볼을 빵빵하게 부풀린 채
웃기는 소리 집어치우고
아이스크림이나 먹으러 가자는 표정이 웃겨서

웃으려는 나를 그 사람이 툭 친다

마저 읽어야 한다며
그러지 않으면
서러워질 거라며

내 손에 종이를 쥐여 준다 거꾸로
이 종이는 거꾸로 읽어야 한다며

이러니까 잘 못 읽겠는데?

내가 중얼거리자

내 대리인의 목이 머리를 들고 말한다

목말라,

창조적 퇴화

너와 싸운 날

언어 도둑이 나타났다 그는 세상의 모든 언어를 훔쳤고 가격을 달아 팔기 시작했다 가령 이런 식이다

씨발 1원
사랑해 1억

사랑은 부자들의 전유물이 되었고 세상은 씨발이 되어 갔다 그럼에도 내가 다양한 어휘로 상황을 기록할 수 있는 까닭은 내가 언어 도둑의 언어를 훔친 2차 언어 도둑이기 때문이다 나는 지금 오른손에 수갑을 찬 채 세계의 끝에 형성된 감옥에 갇혀 있다 고로 지금 이 기록은 왼손으로 작성되고 있는 것이며, 어떤 벌을 받을지는 판사가 얼마나 부자인지에 따라 달라지겠지만, 나는

쓰고 또 썼다

수갑이 풀렸던 적은 없었지만
한 번만 더

네게 간파당하기 위해

내 대리인의 목

내 대리인의 목은 도서관들의 도서관이다.

도서관들의 도서관

내 대리인의 목은 우주만큼 크다. 그럴 수밖에 없다. 도서관
이 다 들어가야 하니까. 도서관은 대부분 무척 크니까. 내 대리
인의 목은 커지고 또 커졌다. 내 대리인의 목의 말에 따르면 내
말도 맞고 네 말도 맞다는 말 같은 건 거짓말이다. 그렇다.

내 말은 맞고 네 말은 틀리다.

그러니까 앞으로 도서관을 들고 내게 올 때는 내 말이 맞다
는 걸 기억해야 돼. 내 대리인의 목은 말했고

도서관을 들고 움직일 수 있는 나는
도서관보다 약간 더 큰 나는

야, 그치만 그건 너무 야뗴모야 같은 말 같은데? 말하는 대
신 도서관에 간다. 도서관이 나보다 약간 작아서

나는 등을 잔뜩 구부린다.

내 하반신이 도서관에 다 들어가지 못한 채 내 대리인의 목
을 기다린다.

새

목적을 상실하기 위해 앉아 있다
앉아 있기 위해 나는 목적을

기용할 것이다

목적을 목적에게
들키고 싶지 않기 때문에 나는 앉아 있다 목적이

나를 봐도 나인 줄 모를 때까지
나를 망각한 채

처음 뵙겠습니다,

내게 다시 말을 걸어올 때까지

기억한다

무지개는 물로 이루어진 문이라는 설명문을. 종일 대답하고 다녔으나 그 누구도 내게 질문한 적 없음을. 유효기간이 측정되는 사람과의 만남을. 갑자기 높아진 하늘과 하늘보다 먼저 시야를 지배한 구름.

어딜 가나 공장. 세계의 공장.

문을 닫았을 때 점프하는 것처럼 보였던 물방울을. 비가 내리고 비가 내리고 비가 내렸고 자전거를 처음 탔던 날을. 모자 쓴 남자가 은색의 가늘고 날카로운 끈으로 또 다른 남자의 목을 따는 장면을 목격하는 꿈을. 그때 내 표정.

테라스의 난간과 두 달째 밀린 월세를. 자취방 창문에 설치된 구멍 난 모기장을. 모자를 쓴 채 고개를 숙였던 친구의 옆모습을. 해마는, 수컷이 새끼를 낳는다.

번호를 착각하고 잘못 탄 버스를. 뭔가를 잃어버리고 잊어버리고 덜컹거리는 건 버스인데 왜 내가 멀미에 시달려야 하는지. 이럴 땐 어떤 자세를 취해야 덜 토할 것 같지?

발신 메시지함에 보관된 굿나잇 문자.

초유체

두 사람이 함께 숲을 걷는다. 그 숲은 언젠가 두 사람이 함께 걷던 숲이다. 두 사람은 손을 잡고 함께 그 숲을 걸었지만 이제 두 사람은 손을 잡지 않고 그 숲을 걷는다. 아니, 사실은 숲을 걷지도 않는다. 두 사람은 다만 숲의 입구에 서 있다.

언제라도 숲을 빠져나갈 수 있도록

두 사람 중 한 사람은 숲의 입구에 세워진 그네를 탄다. 이 그네는 언젠가 두 사람이 함께 탔던 그네지만 이제 두 사람 중 한 사람만 그네를 탄다. 한 사람은 다른 한 사람이 그네를 타는 것을 지켜본다.

가방을 멘 채 선 채로

그네를 탄 사람은 그네를 타지 않은 사람이 앉아서 자신을 지켜보면 좋겠다고 생각한다. 가방을 멘 그의 어깨가 무겁지 않게. 그네에서 내려와야 하는 순간이 찾아왔을 때 두 사람은 함께 숲을 빠져나와 악수를 한다. 따뜻한

그 손을
다른 한 사람은 차갑다고 생각했을 때

두 사람 중 한 사람이 사라지는 모습을 다른 한 사람은 지켜
본다. 사라지는 사람이 뒤돌아보지 않았으므로 지켜보는 사람은
사라지는 사람의 이름을 부른다.

한 번

그 사람이 뒤돌아본다. 이 장면, 어디에선가 본 적 있어. 어디에
서였더라? 이름을 부른 사람은 생각하지만 묻지 않는다. 이름을
불린 사람이 슬프지 않게. 사라지는 사람이 시야에서 완전히 사
라진 뒤

한 사람은 혼자 숲을 걷는다. 그 숲은 언젠가 두 사람이 함께
걷던 숲이다. 언젠가 숲의 끝에서 두 사람 중 한 사람은 다른 한
사람의 이름을 부른다.

한 번

그 사람이 뒤돌아봤을 때, 이름을 부른 사람이 웃는다. 그 사람은 모르게.

일 칵토 히포포타모

설명 원문▲

Il cacto-ipopotamo. C'era una volta un cactus gigante con una testa di ipopotamo elegante. Nel deserto, tanto caldo e vasto, due sandali giganti come un casto. Il cactus camminava sotto il sole splendente, con le sandali sorprendenti e lucenti. Per tutto il deserto, dove la sabbia si muove, camminava solo mentre il vento scuote. L'ipopotamo rispondeva così, con ogni passo. «Vieni qui!» Il vento soffiava, forte e feroce, ma il cactus non fermava, seguiva la sua voce. Camminò e camminò, senza mai fermarsi, in un mondo vasto, dove il sole non si può abbracciare. Con le sandali e la testa forte, aspettava il destino, oltre la morte. Deserto infinito, senza fine, senza amore, il cactus e le sandali temevano il dolore. Quando il sole cala, il freddo arriverà e con un sorriso il cactus riposerà.

일 칵토 히포포타모.　　　　　하마 머리를 가진 거
대한 선인장　　　　　　　　　커다란 샌들

▲ 나무위키, Italian Brainrot/등장 캐릭터 "일 칵토 히포포타모", https://namu.wiki/w/Italian%20Brainrot/%EB%93%B1%EC%9E%A5%20%EC%BA%90%EB%A6%AD%ED%84%B0 (접속일: 2025년 6월 21일. 아니에게 받음.)

두 짝   태
양 아래를 걸었어요,

                              혼자 걸었어요,

 "이리 와!"   멈추지
않았어요.
                    껴안을 수 없는,

                    사막,
  샌들은 고통을 두려워했죠

버드

네 사람이 있었어

안 웃는 사람
안 우는 사람
안 울지도 않고 안 웃지도 않는 사람
울지도 웃지도 않는 사람

네 사람이 친구가 된 건 자연스러운 일이었지 자연스레 가까워졌고 멀어졌고…… 그런데 자연스럽다는 게 뭐지 자연과는 다른 걸까? 과속 방지 보호 구간, 속도를 줄이십시오. 오, 문득 막차를 놓쳐 우리가 함께 봉고차를 타고 집에 돌아갔던 순간이 떠올라

택시를

타고 싶었지만 탈 수 없어서 봉고차를 불렀었거든 왜? 택시는 넷까지만 탈 수 있는데 우리는 다섯이었으니까 어? 네 사람이라 하지 않았어? 봉고차에 탄 우리는 유명인이 된 척하며

바쁘다 바빠서
좋고 바빠서 싫다 드디어 우리에게도
우리를 원하는 사람들이 생겼구나
미래를
기대하게 되고 말았구나 미래는

미네랄과 발음이 유사하다
미네랄은
흙이나 돌 등에 들어 있는 천연 물질이다

같은 말을 주고받으며 웃었는데 우리 중 한 사람이 우는 거야
말했지? 안 웃는 사람, 안 우는 사람은 하하 웃고 안 울지도 안
웃지도 않는 사람은 엉엉 웃기도 하고 으하하 울기도 하고 울지
도 웃지도 않는 사람? 그 사람은 말했다

날 사랑해 줘
사랑이 끝나도.

나는 핸들을 돌린다 타이어가

차선을 밟고 회전하는 것을 못 본 척하며

부러진 지구는 개구리 뒷다리를
모른 척했다

그럴 수밖에 없었다. 지구는 부러졌고 부러졌으니까 아팠으므로. 나는 지구가 좀 덜 아프기를 바라고 있었다. 아예 안 아플 수는 없었다. 대야에 물이라도 떠 놓고 기도라도 하고 싶었으므로 나는 물을 떴고, 기도했다. 합창을 하면 좋을 것 같았지만 아무래도 합창은 불가능한 일인 것 같다. 그러니까 이제 나는 합창도 안 할 것이다, 중얼거리자

대야를 들고 산신령이 나타났다. 산신령은 내 왼쪽 다리를 잡고 물었다.

이 다리가 네 다리냐?

나는 거짓말쟁이였으므로 고개를 저었다. 그러자 산신령은 고개를 끄덕이며 말했다.

네 대답이 내 위치를 결정하냐? 그러자 내 다리는 부러져 있었고

직감적으로 나는 지구가 더는 아프지 않을 거라는 걸, 눈치챘는데 그러자 난데없이

개구리 우는 소리가 들렸다,

왜지?

여름은 파도와 대동소이하다. 그저 그런 초원을 우리는 재미 없어한다. 우리에게는 좀 더 그럴싸한 초원이 필요하다. 왜 풀이 누워 있지? 중얼거리는 일은 할 수 있는 말이 딱 하나밖에 없다고 여겨질 때만 해. 그러라고 뛰어 본 거니까. 그런데 말이야. 화장실 물 내려가는 소리가 들렸던 것 같은데

이 소리, 어디서 또 들었더라?

너무 강한 마음을 갖고 태어난 사람은

마음을 도려내기 위해 심장을 파냈는데 마음이 심장은 아니었던 거야. 그래서 마음은 살고 사람은 죽었는데, 사람에게 초능력이 있었던 거야. 시공을 초월하는 초능력이. 그래서 사람은 다시 살았는데, 그럼 어디를 도려내야 하나, 고민하던 사람은 뇌를 파냈는데, 뇌가 마음은 아니었던 거야. 그래서 마음은 살고 사람은 다시 죽었는데, 사람이 또 초능력을 발동시킨 탓에 다시, 무한하게 반복되는 루트의 영상이 있다면 너, 뭐라 부를래?

프로파일

2132. 9. 5. 18:05 · 비공개
URL 복사 통계

사람은 이제 터널 안에 있다

같은 채널의
다른 영상의

자동번역장치자막에 따르면 이 터널은 출구와 입구가 등장한

적 없는 터널이다. 터널 속 자원은 사랑과 상식뿐이지만, 좀 더 보고 싶은 이유로 그거면 충분하다. 사람의 유일한 구독자인 우리가 그렇게 정했다. 터널 안에 있는 건

사람뿐이니까

이 정의에 이의를 제기할 수 있는 자도
사람뿐이다 중얼거리며 우리는

우리만 빼고

사랑하는 사람들이 죽어 버린 세계에서 살아남았던 시절을 떠올렸다. 그 시절 우리는 매일 땅을 팠다. 우리가 눈을 깜박일 때마다 후두둑, 흙더미가 쏟아졌으므로.

선인장 하마

그는 매일 창문을 열었다

창문을 열면 바람과 빛과 미세먼지가 방에 들이닥치곤 했다
아, 새 한 마리가 책상에 둥지를 틀 때도 있었다 물론 그건 드문
일이었고

그는 창문을 열었다
창밖에 내가 서 있었다

"뭐해요 안으로 들어오시죠"
"안으로 들어가는 일은 당신이 할 일이지 내가 할 일이 아닙니다"
"당신은 이기적인 사람이군요 당신 같은 사람 때문에 기후 위
기도, 전쟁도 있는 겁니다 나는 당신 같은 사람만 보면 넌더리가
나요 두들겨 패 주고 싶다고"

나는 대답하는 대신
창턱을 넘어 그 앞에

불쑥

얼굴을 들이밀었다 "정말로 나를 패 줄 수 있습니까?"

토러스 틱택토

변해야 한다는 강박이 널 변하지 못하게 할 거야 우리가 뭔가를 긍정할 때보다 부정할 때 더 오래 기억하게 된다는 연구 결과가 기정사실이라면 말이야 자, 그럼 시작해 볼까 네가 왜 변하고 싶었는지 프로파일링해 보자는 말이야

START

너의 생은 병원에서부터 시작된다 그래 네가 어떤 인간이든 현대인이 태어나 처음으로 직시하게 되는 장소는 대부분 병원이야 네가 의사든 환자든 뭐든 간에 대부분의 인간이 세상에 태어나고 또 떠날 때 안녕이라 우기게 되는 공간은 다름 아닌 병원이지 이게 네가 평생 병원에 다니는 이유고 병원을 혐오하는 까닭이다 직감적으로 눈치채고 있는 거지 태어나고 죽는다는 게

얼마나 일관성 있는 일인지

너는 눈을 뜨고 흰 천장을 본다 이때의 너는 아직 생각이라는 걸 할 수 없다고 믿지만 아니 너는 생각이라는 걸 할 필요도 없이 이미 알고 있다 너는 말하지 않아도 듣지 않아도 쓰지 않아도 알

수 있다 그래 그냥

울기만 하면 돼 쉽네 그치? 그런데 이게 또 잘 안 돼 너는 변하고 싶거든 그 강박에 시달리고 있거든 덕분에

챕터1. 너는 거짓말한다

다음은 네가 처음으로 인지한 공동체의 풍경. 너는 변기에 앉아 있고 유치원에서는 휴지를 딱 두 칸만 써야 한다고 가르친다 똥을 눌 때 말이다 오줌을 눌 때는 한 칸이면 돼 설사는 몇 칸이지? 설사는 똥일까 오줌일까 뭣도 아닌 그 무엇일까 고민하던 너, 어쩔래 네가 싼 휴지의 양을 알 수 없고, 안다 해도 네가 싸질러 놓은 양을 닦기에는 남은 휴지의 칸이 터무니없이 적은 상황에서, 너, 어떻게 할래? 응애응애, 울 거야? 아 벌써 울었어? 어떻게 됐어?

화장실을 나온 네게 선생이 묻는다 "몇 칸 썼니?"

챕터2. 너는 질문한다

초등학생이 된 너는 세상 못 말리는 악동이 됐지 장난치지 않고는 못 배기는 모든 일을 장난이라 여기는 일보다 쉬운 일이 있던가 말 걸고 싶은 인간을 만났을 때도 그래 걔를 걔라고 부르는 게 싫어 걔보다는 양파나 블록이 더 좋아 너만 부를 수 있는 이름이 좋아진 거지 걔가 너를 기억했으면 좋겠거든 걔 기억에 남고 싶거든 그러니까 너는 걔가 울었으면 좋겠다고 생각하는 거야 걔가 너를 못 잊었으면 좋겠다고 그래서 걔를 못 본 척했는데, 어? 이런다고 걔가 울지는 않네? 학년이 바뀌고 너보다 키가 커진 걔가 네 뒤통수를 세게 치며 말한다

복수

어? 너 나 아직 안 잊었네? 그런데 왜 가슴이 찢어지지?

챕터3. 너는 번복한다
챕터4. 너는 조작한다
챕터5. 너는 규칙을 깬다

챕터6. 너는 상실한다

챕터7. 너는 왜곡한다

챕터8. 너는 규칙을 만든다

아스팔트, 위 걷자 매미 소리 들린다 매미 소리 들릴 때마다 아스팔트 그대로 잡아 뜯어 양 볼에 붙이고 싶다 그럼 덜 시끄럽겠지 매미 소리 찢어질 때마다 너, 자주 두 귀 막았으므로. 한강, 폭죽 터졌을 때 난 그걸 나무뿌리 거꾸로 솟구친 것처럼 보인다 말하고 너 그걸 케이크 같다 말했지 그러자 팔뚝으로 노 저으며 한강 가로지르는 보트, 위 두 사람, 둘 중 앞에 앉은 한 인간, 지나치게 작은, 한여름 밤이었으므로 우리, 지나치게 작은 한 인간 가리키며 저거정말인간인가혹시펭귄아닌가그나저나이더위에펭귄질식사않고보트위에앉을 수 있나

토하는 척하며
너 또 귀 막았지 아스팔트 위 아니었는데

대교. 구축하고 있는 기둥과 기둥 다닥다닥 달라붙어 있는 날

파리 떼, 이 정도 양의 날파리 잡으려면 거미줄, 얼마나 커야 돼? 나 묻자, 여기부터 저기까지, 전부 거미야? 너, 되묻는다. 컵라면을 사 먹으러 나갔다가 구슬아이스크림 사 들고 방에 돌아왔을 때 전화벨 울린다.

챕터9. 너는 침묵한다
챕터10. 너는 목격한다

챕터11. 너는 방관한다

뛴다,

챕터12. 돌아오다 아스팔트 차 벽도 지나가는 인간 지나가지 않는 창문 인간 뛰는 인간 다시 돌아가는 인간 돌아가는 인간 돌아가려 애썼던 인간 챕터에 새겨진 문장과 번호는 맞지 않아 처음부터 그랬지 이게 이 게임의 모순, 이 게임의 구조. 이 구조가 지나간 문장을 수집한다. 누구도 지켜본 적 없으면서, 매미 우는 소리 인식할 때마다 끝나곤 했던, 그 여름밤에.

튜링 기계

책상 위 흩어져 있는 종이 뭉치를 내려다본다. 종이들은 모두 독립적으로 움직이는 것처럼 보이지만 각각의 종이에 적힌 문장들은 전부 연쇄되어 있다. 손을 뻗어 종이1을 잡고, 종이1에 적힌 글자를 읽는다. 종이를 다시 책상에 내려놓는다. 매일 종이에 뭔가를 쓰고 읽고 그걸 지켜보는 일. 이건 내 일이다. 종이1을 종이2와 글자가 적혀 있는 면끼리 맞붙인다. 종이2를 종이3과 붙인다. 이런 식으로 단 하나의 종이가 남을 때까지 종이들을 붙이고 붙인다. 이어 붙일 수 있는 게 형태뿐이라는 걸 알면서도, 붙인다. 붙이고, 붙이고, (다시) 붙이기를 반복하다가 문득, 종이들을 이어 붙이기 위한 도구가 내게 없다는 걸 깨닫는다. 테이프도, 풀도, 갖고 있지 않다. 나는 갖고 있지 않다. 양손에 움켜쥔 종이 뭉치를 본다. 종이들은 다만 겹쳐져 있다. 조금만 바람이 불어도 분리되어 바닥에 나뒹굴 것처럼. 손을 뗀다. 순간 종이들이 바닥에 떨어지는 소리를 들었던 것도 같았다. 자리에서 일어나 고개를 뒤로 젖힌다. 천장이 보인다. 터무니없이 흰 천장 한가운데, 그림 하나가 걸려 있다. 액자 속의 여자는 품에 끌어안은 아이의 볼에 자신의 볼을 맞댄 채 눈을 감고 있다. 희다. 여자의 머리색이. 나는 여자의 품속에서 알몸으로 웃고 있는 아이를 바라보다, 아이처럼 옷을 벗고 여자처럼 졸고 싶다고 생각한다. 정말로, 졸고 싶다고.

그러자 이제 나는 잠 속에 있었고 나는 불이었다"

▟▟ 네가 내 앞에 앉아 있다, 나는 손을 뻗는다, 너는 뒤로 물러선다, 말한다, "뜨거웠다." 나는
손을 숨기고 너를 지켜본다, 너는 책 한 권을 건넨다, 책을 편다, 책장을 넘긴다, 말한다,
"이 책의 이름은," 잘 들리지 않는다, 순간 나는 내게 귀가 없다는 걸 깨달았는데 나는 귀를
만드는 법을 모른다, 네가 웃는다, 순간 나는 눈이 없다는 걸 깨달았는데 그러자 너도 따라
웃는 것만 같다. 나는 손을 뻗는다, 순간 나는 내게 손이 없다는 걸 깨닫고 너는 나로부터
물러선다. 물러선다. 물러선다고 느낀다. 멀어지고 있다. 느낀다. 멀어지고 있다고, 나는,

미소 중력

학교에 가는 대신 도서관에 갔던 날

서가에서 발견한 혁명가의 일기
그 일기에는 이렇게 적혀 있었다

나는 종종
다 그리고 싶다
하지만 나는 더 그리는 법밖에 모른다

나는 이 혁명가가 혁명가도 아니고

혁명가가 아니지도 않다고 생각했지만 이 사람을 좋아할 수
있을 것 같다고 생각했다 그래서 좀 더 찾아본 일기 마지막 장에
는 다음과 같은 그림이 한 장 있었다

그림을

이 사람은 대체 왜 그린 것일까, 중얼거리며 나는 도서관 모퉁
이 나무 책상에 앉았다 이 책상은 내가 아이였을 때

말하고 싶어질 때마다 앉곤 했던 책상과 닮았다

수풀 사이를 멋지게 헤집으며
달리고 싶어질 때마다 앉곤 했던

그 책상에

앉았던 그 애가 그린 그림은 본 적 없다
다만 나는
그 애가 그림을 그릴 때
명암 넣는 법을 몰랐다는 걸 그래서
내가 그렸던 대부분의 그림이
평평해 보이곤 했다는 걸

알고 있었고

그 점이 참 좋았다

어부는 바다에 그물을 던졌다

그가 던진 그물에 말 여러 마리가 걸려 올라왔다 바다에는 말이 살 수 없었으므로 모두 죽은 말이었다, 고 어부가 생각하던 찰나 걸린 말 중 하나가 쿨럭이며 물을 토해 내더니

말했다

"뭐"

뭐? 너 지금 뭐라고 했어? 말이 말을 하다니, 믿을 수 없다고 생각한 어부는 말을 향해 다그쳤지만, 당연하게도, 말은 어부의 말에 대답하지 않았고, 눈을 감았다 아, 죽거나 그랬던 건 아니고 단지 눈을 감았을 뿐이었다 말이 죽지 않았다는 걸 어부가 눈치챌 수 있었던 까닭은 말의 배가, 아니 가슴이, 작지만 분명하게 들썩이고 있었기 때문이었고

바다에 잠수해도 죽지 않은 말이라니
심지어
뭐, 할 수 있는 말이라니

살리고 싶다

어부는 생각했고

생각에서 그치지 않고 배를 육지로 돌리기 시작했는데 그 순간
은 마침 빛과 바람의 방향이 일치하는 순간이었고 때문에 어부는

어쩐지 조금 울고 싶어졌다고
생각했는데

여기까지 읽고 너는 책을 덮었다
그리고

내 손을 잡았다

정확하고 장황하게 펼쳐진 초원

정확하고 장황하게 펼쳐진 초원을 지나가고 있다. 정확하고 장황하게 펼쳐진 초원을 지나가는 열차에 나는 타고 있다. 나는 열차 안에서 정확하고 장황하게 펼쳐진 초원을 내가 인지하게 되는 순간을 편집한다. 정확하고 장황하게 펼쳐진 초원 위를 달리는 열차를 타고. 정확하고 장황하게 펼쳐진 초원 위를 달리는 열차 안에서. 어쩌면 판단받고 싶지 않기 때문에 사랑하는 사람들과 멀어질 수도 있을 것이다. 정확하고 장황하게 펼쳐진 열차 위를 달리는 초원이 있어. 나는 그 초원 위에서. 초원이 내 몸을 이탈하게 될 순간을 기다리고 있어. 정확하고 장황하게 펼쳐진 열차 위를 달리면서. 기도라는 걸 하고 있어. 미안해. 정확하고 장황하게 펼쳐진 열차를 지나가면서. 정확하고 장황하게

채채로서의 5월 35일

너와 함께 남산 타임스퀘어에 갔다
타임스퀘어에는 원형 바위가 하나 있다

크고 평평한

그 바위에 앉아 우리는
검은 싸라기눈처럼

우리의 얼굴을 향해 달려드는 날파리 떼들을 못 본 척하기 위해 우리 주변을 빙글빙글 돌며 조깅하고 있는 외국인을 본다

야 저길 봐
          어머
외국인이 왜 남산에 있지?
       어머, 그 질문은 2025년엔 안 어지러워
      1925년이었다면 좀 어지러웠을지도
음, 넌 어지러운 게 중요해?
       그렇지? 그래야 우리가
    이 꼴이 됐는데도 같이 있는 이유를 알 것 같아서?

같은 대화를 나눈 것은 아니다 다만 우리는
우리 주변을 빙글빙글 돌며 조깅하고 있는 외국인을 바라보았
을 뿐

외국인과
조깅
조깅과

조깅하는
외국인을 바라보는 사람들

의 얼굴이 기억나는 것도 아니다 다만 우리는
우리가 함께 앉아 있는 원형 바위
그 바위 위 쏟아지는

기분을

기억하고 있었고 그 기분이

2125년, 채채의 방으로 이전될 거라는 걸

알고 있었다

그걸 우리가 어떻게 알지?

                하하! 맞아 당연히 모르지

내가 다시

채채가 뛰는 모습을 보게 된 건
5월이 다 지나간 뒤의 일,

제2법칙

야

네가 한마디만 해 보라고 해서
한마디만 하려고 하는데 아니,
한마디만 하려고 하면 백 마디는 하고 싶어지는 게
사람 심리 아니겠니? 싶어서 하는 말인데 아니, 그러니까 내가
하고 싶은 말은

왜 살지

라는 친구에 관한 이야기인데 어…… 그러니까 내 친구 중에 성
이 왜였고 이름이 살지인 친구가 있었거든. 그래, 사람 이름 같지
는 않지. 그래서 가끔은…… 대체 이름이 왜 그러냐고 친구에게
묻기도 하곤 했어. 그럼 친구는 어깨를 으쓱하며 대답하더군.

몰라!

몰라, 그건 내 이름이었어. 그러니까 친구는 내가 자신에 대해 물
을 때마다 내 이름을 불렀던 셈이지. 어쩌면 난 누군가 내 이름을 불

러 주길 바랐을 때마다 친구에게 묻곤 했던 걸지도 몰라. 넌 대체

뭐냐고

대체 뭔데 이름이 그 모양이며
너를 부르는 사람들 중 일부는 왜
너라는 존재가 생존에 방해가 된다며
네 목에 칼을 들이대는 거냐고
물을 때마다 친구는 대답했지, 몰라! 몰라! 몰라!

하하

그럼 난 웃음이 터지곤 했어
나도 예전엔 몰랐지
누군가 나를 불러 주는 게
웃음 터지는 일이라는 거
몰랐는데

휴

있잖아 말하고 나니까 말이야
역시 나 이렇게 끝내긴 싫은 것 같네?
좀 더 보고 싶은 것 같거든
말이라는 걸
말하면서 살고 싶어진 사람의
마음 같은 걸
그러니까 말로 할 때 이 칼 좀 치우지?

너도 말하고 싶지?

그러자 직선 하나가 그어진다

◖

◖을 사이에 두고 평행하는 두 개의 판

○와 ●가 접촉하고 있다
두 존재를 떼어 내면 그 사이의 공간은
말이 다시 채워질 때까지 진공 상태가 된다
말이 아무리 빠르게 도달한다 해도
그 사이는 즉각적으로 채워질 수 없다

말은

공간에 완전히 적응할 때까지 다른 한 공간을 강탈할 것이다

질문의 생성에 저항성을 보여 주는 말의 모습

삭제
설명을 입력하세요.

삭제
　　　　하세요.

　　입력

할 수 있는 것을 다 삭제한 뒤에도 전부
남아 있는 것이 있다, 말했다 난

말이 좀 많았다

성냥팔이 소녀의 재림 2125

1

김해솔 씨는

2000년대 초반 영화 <성냥팔이 소녀의 재림>을 각색 및 재연출한 영화 <성냥팔이 소녀의 재림 2125>의 영화감독이다

김다솔 씨는

그런 김해솔 씨의 영화에 주연으로 출연하게 된 배우이자 김해솔 씨의 동생이다 영화의 공동 주연이자 투자 및 배급을 맡은

김성환 씨는

그런 김해솔 씨와 김다솔 씨의 엄마다 김성환 씨가 김해솔 씨와 김다솔 씨를 낳기 전 되고 싶었던 건 엄마가 아니라 배우였고, 김성환 씨는 김해솔 씨와 김다솔 씨를 위한다는 명목으로 겨울만 되면 추위를 뚫고 붕어빵을 사 오곤 했지만 세 사람 중 붕어빵을 좋아하는 사람은 김성환 씨뿐이다

2

영화 <성냥팔이 소녀의 재림 2125>은 5월 35일, 국내 국제영화제에서 처음 상영된다 눈이 쏟아지는 거리, 바구니에 라이터를 가득 담은 채 양 손바닥에 입김을 불고 있는 김다솔 씨와, 갈색 코트를 입고 있는 김성환 씨가 스크린에 등장한다 스크린 속에서, 김성환 씨가 김다솔 씨의 손목을 잡는다 김다솔 씨가 돌아본다

성환: 널 처음 봤던 날 떠올라 사람이 붐비던 아몰퍼스에서였지 죽고 싶을 땐 아몰퍼스의 멸종을 기도하자 그날이 세계가 망하는 날일테니,

물론 난 세계가 망해도 너는 살았으면 좋겠지.

대사를 마친 김성환 씨의 툭 튀어나온 눈알이 과하게 클로즈업되며 화면에 꽉 찬다 곧이어 김다솔 씨의 붕어 같은 입술 역시 클로즈업되더니, 김다솔 씨의 입술 밖으로, 빼꼼, 하고, 붕어빵의 머리가 튀어나온다

김성환 씨가 자주 사 오곤 했던
그 붕어빵을

바라보며 김다솔 씨에게 김성환 씨가 또다시 뭔가를 말하려는
찰나,

영화를 지켜보던 관객1 씨가 영화관 밖으로 나간다 김해솔 씨
는 영화 <성냥팔이 소녀의 재림 2125>이 흥행 참패한 이유에 대
한 생각을 잠깐, 한다 그때 객석에 앉아 있던

관객2 씨 역시

자리에서 벌떡 일어난다 김해솔 씨는 또 뭐가 문제인지 생각한
다 자리에서 벌떡 일어난 관객2 씨의 이름은 로라, 로라 씨가 김
해솔 씨를 본다 로라 씨가 자신을 쳐다보는 이유를 알 턱이 없는
김해솔 씨는 생각한다

아
나는 그냥 내 갈 길 가야겠다

3

　원작 영화 <성냥팔이 소녀의 재림>에 등장하는 고등어 총은 무적이다 고등어 총을 이길 수 있는 무기는 그 세계관에 존재하지 않는다 그러나 고등어 총인 탓에, 비가 내리면 고등어 총은 고등어가 되어 바다로 돌아가며

　<영화 성냥팔이 소녀의 재림 2125>에 등장하는 붕어빵은 비가 내리면 붕어가 되어 호수로 돌아가지만, <영화 성냥팔이 소녀의 재림 2125>에서는 다행히 비가 내리지 않는다

　다만 김성환 씨와 김다솔 씨의 머리 위로 끊임없이 쏟아지는 그 눈을, 그리고 김다솔 씨의 바구니에 담긴 수많은 그 라이터들을

　김해솔 씨는

　보여 주고 싶다 더 많은 사람들에게. 카메라에 담긴 김다솔 씨와 김성환 씨를, 보여 주고 싶다고 생각하는 김해솔 씨를 바라보며 로라는 중얼거린다

영화 속 화질이 조금만 더 좋았으면 좋겠다. 왜냐하면

초개체

널 처음 봤던 날 떠올라. 사람이 붐비던 카페에서였지. 죽고 싶을 땐 카페의 멸종을 기도하자. 그날이 세계가 망하는 날일 테니.

그날 넌 새하얀 코트를 입고 있고 있었어. 아니, 코트에 눈이 덮여 흰색처럼 보였어. 유리창 밖 사람들은 죄다 반팔인데 네 코트에만 눈이 잔뜩 쌓인 채 녹지도 않고 있어서

나는 네 손을 잡았다.
내 코트에도 눈이 쌓여 있었으니까.

그날 이후 우린 매일 카페에서 만나 서로의 옷에 묻은 눈을 조금씩 털어 주었지. 손으로 털면 민들레 홀씨마냥 흩어지곤 했던 그 눈을, 조금씩 털 때마다 우리가 입고 있던 코트의 색이 변했다. 흰색에서 녹색으로 녹색에서 주황색으로

주황색에서 검은색으로 검은색에서 흰색으로 흰색에서…… 더는 코트의 색이 변하지 않게 된 어느 날, 눈이 쏟아지기 시작했어. 사람들도 입기 시작한 코트의 색이 우리의 코트 색과 별반 다르지 않은 것처럼 보였던 그날,

우리가 매일 갔던 카페가 문을 닫았다.
세계는 아직 그대로인데.

갈 곳이 없어진 우리는 사람들에게 쓸려 거리를 걷기 시작했
어. 가까이에서 보니 사람들이 입고 있던 코트의 색은 우리가 입
고 있던 코트의 색과 미묘하게 달랐지만

눈이 쏟아지고 있었지.

우리가 잡고 있는 손이
누구의 손인지 모르겠다는 생각이 들 때까지.

널 마지막으로 봤던 날 떠올라. 사람이라곤 우리밖에 없던 공
터에서였지. 그날 우린 멀찍이 서 있었고 우리 사이로 청둥오리
한 마리가 지나가고 있었어.

공터에 오리라니.
뜬금없잖아.

뜬금없어서 우린 마구 웃었고 웃다가 그만 울고 말았지. 하하하 소리를 내며. 세계가 망해도 너는 죽지 않기를 기도하며.

쾨니히스베르크의 다리

로라는 상자를 하나 가지고 있다. 사실 두 개지만, 상자를 소개할 때 로라는 상자를 하나만 갖고 있다고 말하며 다른 상자하나는 천국에 숨기는 상상을 한다. 다만 피터가 "갖고 있는 상자를 보여 줘" 같은 말을 한다면 로라가 피터에게 보여 줄 수 있는 상자는 로라가 천국에 숨긴 상자다.

다음은 로라가 천국에 숨긴, 정확히는 천국에 숨기다 만 상자의 프로필이다.

가로 110cm
세로 200cm
높이 34cm

사이즈의, 매트리스가 집에 도착했을 때 로라는 피터에게 매트리스에 누워 보라고 한다. "이 매트리스는 인체 과학의 신비에 따라 누웠을 때 몸의 크기만큼

움푹

파였다가 몸을 일으키면 원상 복구되는 것이 특징이다. 가슴에 칼을 꽂았을 때보다 칼을 뺐을 때 더 피가 솟구치는 것과도 유사하지. 로라가 말하자, 말 좀 만들지 말라고 피터는 중얼거린다. 그러자 로라는 주머니에서 굴비 하나를 꺼낸다. 뭐냐는 눈빛으로 피터가 로라를 바라보자, 로라가 말한다.

영광
영광 굴비야

영광인 줄 알라고

피터의 발등 위, 굴비의 영광이 와르르 쏟아진다.

*

피터와 로라가 헤어지고 시간이 많이 흐른 뒤,

피터가 사는 집 앞에 상자 하나가 배달된다. 피터는 상자를 하나 가지고 있다. 아니, 사실 하나가 아니지만 누군가 피터에게 상

자를 보여 달라고 할 때마다 피터는, 로라가 자신에게 보여 줬던
상자만을,

사랑하는 사람에게 보여 준다.

픽스 아몰퍼스
1인용 TRPG

멜트미러(게임개발자 · 영상작업자)

[플레이 방법]

· 단락의 선택지에 따라 다음 번호로 이동하며 게임을 플레이합니다.

· [D6]은 6면체 주사위를 의미합니다. [D6]판정을 선택할 경우

주사위를 굴려서 나온 값에 알맞게 다음 번호로 이동해 주세요.

1

오늘도 낯선 상자 하나가 현관 앞에 놓여 있다. 당신은 언제나 택배로만 수리 의뢰를 받는다. 상자를 끌어와 봉인된 뚜껑을 열자, 몸통이 부풀어 오른 『고장 난 아몰퍼스』가 모습을 드러낸다. 달그락거리는 소리와 함께 잔뜩 팽창한 부피, 하지만 절묘한 위치에 구멍라도 난 건지, 터지지 않고 드문드문 뜨거운 공기를 토해낸다. 하지만 당신은 그것이 단순한 공기가 아님을 느낀다. 당신의 직감이 맞다면 그것은 아직 세상에 태어난 적 없는 말소리였다.

상자에서 『고장 난 아몰퍼스』를 꺼낸다 ➜ 2로 이동

이 상태로 말소리에 귀를 기울인다 ➜ 3으로 이동

2

마치 폭죽이 터지듯 『고장 난 아몰퍼스』가 상자 밖으로 튀어나온다. 당신은 당황한다. 연이어 큰 소음이 발설된다. 이름 없는 아이, 아직 실체가 없는 사건, 달력에 기록된 적 없는 날짜들이 인쇄된 문장의 형태로 어지럽게 흩날린다. 이 문장들은 오직 미래를 향해 달려가며 서로의 목을 졸랐다. 당신이 마주한 『고장 난 아몰퍼스』는 이미 미래를 발설하는 기계가 되었다. 당신은 이 소동을 멈추기 위해 다급히 주위를 둘러본다.

조금 다른 색상의 인쇄물을 읽는다 ➔ 4로 이동

『고장 난 아몰퍼스』의 숨통을 조인다

[D6] 판정: 1–3실패 ➔ 5로 이동

　　　　 4–6성공 ➔ 6으로 이동

3

상자를 닫고 귀를 대자, 방 안에 먹먹한 말소리가 웅웅거리며 울려 퍼졌다. "끝끝내 그 무엇도 들키지 못한 것입니다." 목소리의 출처는 아침 드라마 같기도, 판결문 같기도 했다. 그때 현관 경첩이 덜컥거렸다. 경첩은 과거와 미래를 동시에 지시하는 방향표처럼 떨고 있었다. 당신은 이 떨림이 수리의 단서인지, 재앙의 전조인지 판단하기 어려웠다.

경첩을 붙잡는다 ➔ 7로 이동

다시 상자를 관찰한다 ➔ 8로 이동

4

당신이 집은 종이는 의뢰서였다. 의뢰서에는 세 단어가 적혀 있었다. [그림 / 평평함 / 중력] 필체는 도둑질의 흔적 같았으나, 격려의 잔향도 남아 있었다. 그림은 납작해지고, 평평함은 눌려 무너지고, 중력은 방향을 잃는다는 예고 같았다. 갑자기 방 안의 모든 것이 숨죽이며 당신의 중얼거림을 귀담아듣기 시작했다.

단어를 계속 중얼거린다 ➔ 9로 이동

단어를 종이에 옮겨 적는다 ➔ 10으로 이동

5

단어들은 혼잡하게 방을 뒤덮었다. "마음"이 발목에 감기고, "안도"는 벽에 들러붙었다. 종말의 날짜는 천장에 매달렸다. 『고장 난 아몰퍼스』는 심각한 예언자가 아니라, 농담꾼 같았다. "세계 멸망은 오후 3시 30분, 약간 흐림, 우산은 꼭 챙겨 가세요." 아무리 봐도 비는 내릴 것 같지 않은데……

문장을 찢어 없앤다 → 11로 이동

웃으며 따라 적는다 → 12로 이동

6

인쇄물은 얌전히 책상 위로 쌓였다. 그러나 그 안에서 여전히 맥박이 뛰고 있다. 잠시 눕혀 두었을 뿐 시동은 걸려 있다. 언어는 언제든 도전할 준비가 되어 있다. 당신은 손끝의 땀을 훔치며 종이 더미를 바라보았다.

종이를 저울에 올려 잰다 → 13으로 이동

불태워 없앤다 → 14로 이동

7

곤란하다. 머리가 지끈거린다. 지난주 수요일이 떠올랐다. 어느 시간 여행자의 혈관이 나의 현관을 스치는 바람에 철제 경첩이 타임라인 오작동을 일으켰다. 문은 열리려다 말고, 과거와 미래를 동시에 가리키는 방향표처럼 파르르 떨었다. 지금의 경첩은 그때보다 더 소란스러웠다. 당신은 그것이 단순한 문이 아니라, 시간의 관절임을 깨달았다.

멜트미러(게임개발자 · 영상작업자)

떨림에 귀 기울인다 → 15로 이동

경첩을 붙잡아 멈춘다 → 16으로 이동

8

아무리 봐도 상자는 훔쳐 낸 물건으로 보인다. 당신은 의뢰인의 모습을 상상한다. 당신의 상상 속에서 그는 언어 도둑이 된다. 비만한 체구로 불확실의 방을 점령하는 모습. 건방진 태도로 남의 문장을 훔쳐 쓰며, 그 순간만큼은 날렵히 스미는……. 그러나 결국 통제하지 못하고 『아몰퍼스』의 고장을 당신에게 떠넘겼다.

언어 도둑의 체구를 상상한다 → 17로 이동

언어 도둑의 긍정적인 목소리를 상상한다 → 18로 이동

9

당신은 단어를 중얼거렸다. 그림은 납작해지고, 평평함은 허공으로 흩어졌다. 방은 장난처럼 뒤집혔다. 의자는 벽에 달라붙고, 책상은 천장에 엎드렸다. 언어는 진지할수록 더 쉽게 장난감이 된다. 당신은 웃으며 떠올렸다. 이것은 바로 언어 도둑의 습관이다.

언어 도둑의 습관을 상상한다 → 19로 이동

언어 도둑의 책임 회피를 상상한다 → 20으로 이동

10

당신이 종이에 단어를 적자, 삐뚤한 글씨에 맥박이 살아 있었다. 종이는 방

가구들과 호흡을 맞추었다. 단어는 지휘자가 되었다. 당신은 그 권위에 복종할지 망설였다. 동시에 떠올랐다. 이 억지와 격려가 섞인 필체는, 의뢰인의 손길일지도 모른다는 생각이 들었다. 당신의 마음이 삐죽거린다.

의뢰인의 크기를 상상한다 → 17로 이동
의뢰인의 언변을 상상한다 → 18로 이동

11

문장을 찢어 없앴다. 그러나 단어는 두 줄로 늘어났다. 숨 막히는 복제. 그것은 언어 도둑의 탐욕과 닮아 있었다. 없애도 늘어나는 어휘. 그는 모든 단어를 자기 소유로 선언했으면서, 결국 통제하지 못했다.

언어 도둑의 욕심을 상상한다 → 19로 이동

12

당신은 웃으며 따라 적었다. 방은 학원처럼 변했고, 단어들은 학생이자 교사처럼 떠들었다. 하나하나 착실히 알려 주는 오탈자의 광경은 의뢰인의 성격을 드러내는 듯했다. 그는 웃으며 베껴 쓰고, 책임은 역사의 탓으로 돌렸으리라. 내가 알고 있는 언어 도둑처럼.

그의 태도를 상상한다 → 20으로 이동

13

저울 위에 인쇄물을 올리자, 바늘은 무한히 흔들리다 멈췄다. 무게 없는 동

멜트미러(게임개발자 · 영상작업자)

시에 모든 무게. 아이러니였다. 당신은 생각했다. 바로 이것이 의뢰인의 습관 아닐까. 한 문장은 무거운 척하지만, 실상은 가벼운 장난.

의뢰인의 습관을 상상한다 → 19로 이동

14

당신은 인쇄물을 불태웠다. 그러나 불길 속에서 새 문장이 태어난다. "당신은 이미 실패했다. 내일도." 그 문장은 역설적 격려였다. 실패를 선언하는 것이야말로, 진정한 수리의 시작일지도 몰랐다. 당신은 긴장 속에서 남은 시간을 헤아렸다.

결심을 다잡는다 → 19로 이동

15

떨림에 귀 기울이자, 경첩은 과거와 미래를 동시에 속삭였다. 손끝의 먼지는 어제의 것이었고, 귓가의 진동은 내일의 소리였다. 시간은 종잇장처럼 접히며 울부짖었다. 당신은 알았다. 기다리면 모든 게 삼켜질 것이다. 다만, 빠르게.

빠르게, 결심을 굳힌다 → 20으로 이동

16

경첩을 붙잡아 멈추자, 금속은 울부짖듯 진동했다. 방은 흔들렸고, 상자는 허공에 떠올랐다. 문은 터널이 되었으나 오래 버티지 못했다. 짧은 소동이었지만 당신은 주저할 수 없었다. 기다리는 자는 삼켜지고, 줄이는 자만이 살아남는다.

삼켜지기 전에 확정한다 → 19로 이동

17

언어 도둑의 체구를 상상하자, 그의 그림자가 방 안에 포개진다. 그는 이미 확신의 단어를 쥐고 흔든다. 당신은 그의 숨결이 여전히 상자에 남아 있음을 느낀다. 그의 언어가 폭주하기 전에, 준비 시간을 줄여야 했다.

준비 시간을 줄인다 → 20으로 이동

18

당신은 언어 도둑의 목소리를 상상한다. "나의 책임은 문학사 전체의 것." 그의 건방진 음성은 변명처럼 방에 울렸다. 그 순간, 당신은 웃음을 잃었다. 책임 회피는 시간을 갉아먹는 병과 같았다. 객관과 48시간은 길고 긴 변명일 뿐이었다.

시간을 단축한다 → 19로 이동

19

거실의 텔레비전에서 누군가의 떨리는 목소리가 흘러나왔다. "끝끝내 그무엇도 들키지 못한 것입니다." 예견된 아침 드라마의 대사, 동시에 판결문 같았다. 목소리의 주인공은 당신의 이름을 부르며 애원한다. 억울함을

멜트미러(게임개발자·영상작업자)

꼭 되찾아 달라며, 자신만의 억울함을.

당신은 피로와 설렘을 동시에 몸에 휘감는다. 48시간 동안 『아몰퍼스』를 방치할 수는 없었다.

마침내…… → 20으로 이동

20

그래서 결국 당신은 결심한다. 원래 48시간이 걸리는 수리의 융합 시간을, 단 4시간으로 줄이기로. 그것은 오만한 판단일지 모른다. 그러나 결심은 이미 실행으로 옮겨졌다. 당신은 시계를 바라보며, 새로운 수리 시간표를 써 내려 가기 시작했다.

파트2로 이동합니다. ➲

Part 2

21

당신은 우선 『고장 난 아몰퍼스』의 팽창된 공기를 빼내고, 말수가 적은 커튼으로 밀봉한다. 그리고 낡은 작업대 위로 『실용 아몰퍼스』 카탈로그 한 권을 펼친다. 안전과 도난을 동시에 만족시키기 위한 제품군 안내서. 표지는 정직하면서도 요란했고, 속내를 털어놓지 못한 채 머뭇거렸다. 당신은 균형이 무너진 페이지를 찾는다. 도난에 조금 더 치우친 매뉴얼 섹션 73. 법률 대신 삽화가 가득했고, 손톱으로 물어뜯은 평온의 흔적이 가득 고여 있다. 그림 속 단어들은 잡혀 온 동물처럼 거칠게 휘청이다 범죄에 가담한다. 당신은 이 기묘한 안내서가 수리의 시작점이자, 동시에 언어의 또 다른 감옥이 될 것임을 직감했다. 당신은 『고장 난 아몰퍼스』의 진짜 판본이 궁금했다.

삽화를 자세히 들여다본다 → 22로 이동
책장을 마구 넘긴다 → 23으로 이동
삽화를 찢어 포켓에 넣는다 → 24로 이동

22

삽화 속 언어는 철창에 갇혀 있었다. 어떤 건 목줄에 시가 묶여 있었고, 다른 건 병 속에서 명사가 울부짖었다. 당신은 소름과 매혹을 동시에 느꼈다. 그림을 해석할수록 『고장 난 아몰퍼스』의 판본에 접근할 수 있다는 예감이 들었다. 그러나 동시에, 포획된 언어들의 시선이 당신을 노려보는 듯했다.

모든 삽화를 스케치한다 → 23으로 이동
한 장만 집중해 모사한다 → 24로 이동
책장을 덮고 눈을 감는다 → 25로 이동

23

책장을 마구 넘기자, 삽화들은 제멋대로 순서를 바꿔 튀어나왔다. 언어의 밧줄, 구속된 어휘, 눈알 같은 구두점이 뒤섞였다. 카탈로그는 시험처럼 배열을 흔들었다. 배경에는 낯선 억양이 흘렀다. 그것은 단순한 잡음 같았으나, 판본의 기원을 암시하는 목소리였다.

멜트미러(게임개발자 · 영상작업자)

억양을 생포한다

[D6] 판정: 1–3 → 혼란에 빠진다 → 25로 이동

4–6 → 질서를 잡는다 → 26으로 이동

억양을 흉내 낸다 → 27로 이동

24

삽화를 찢어 포켓에 넣었다. 그러나 그림이 종이에서 기어 나와 주머니 안에서 요동쳤다. 밧줄에 묶인 문장들이 허벅지를 졸랐다. 당신은 그것이 단순한 삽화가 아니라, 판본의 씨앗임을 깨달았다.

혼란하게 포켓을 더 채운다 → 25로 이동

그림을 태워 질서를 찾는다 → 26으로 이동

주머니의 억양을 흉내 낸다 → 27로 이동

25

혼란과 환청이 겹쳐지자, 당신은 판본의 기원을 떠올렸다. 그것은 『아퍼몰스』였다. 어느 두려움 많은 작가가 원전 『아몰퍼스』를 잘못 베껴 쓴 결과물. 페이지마다 쓸모없는 주석이 덕지덕지 붙어 있었다. 그러나 그 어설픔 속에는 성실한 집착이 드러난다. 실패에도 불구하고 기록하려는 욕망.

『아퍼몰스』를 더 탐구한다 → 28로 이동

『아퍼몰스』를 불태운다 → 29로 이동

다음 판본으로 넘어간다 → 30으로 이동

26

질서를 붙잡자, 낯선 억양이 배경음처럼 깔렸다. 그 잡음은 판본의 역사였다. 당신은 그것을 잡음이라 치부할 수 없었다. 그 속에서 『아퍼몰스』의 어설픈 필체가 떠올랐다. 언어는 실패 속에서도 기록을 갈망했다.

『아퍼몰스』를 메모한다 → 28로 이동
『아퍼몰스』는 화를 부른다 → 29로 이동

27

억양을 흉내 내자, 페이지가 흔들렸다. 정중한 외국인의 억양, 낯선 철자, 불협화음. 그것은 『아퍼몰스』였다. 그는 능숙하지 않았으나, 집착만은 누구보다 진지했다.

『아퍼몰스』를 탐구한다 → 28로 이동
『아퍼몰스』를 조롱한다 → 30으로 이동

28

『아퍼몰스』 판본은 미숙하고 불필요한 주석으로 가득했다. 그러나 실패 속 집착은 언어를 지탱했다. 당신은 그것을 메모하며, 수리의 실마리를 발견했다.

주석을 지우고 떠난다 → 30으로 이동

29

당신은 『아퍼몰스』를 불태웠다. 그러나 불꽃 속에서도 문장들이 살아나 춤을 췄다. 실패는 소멸하지 않았다. 그것은 곧 또 다른 판본을 부르는 전조였다.

불꽃 속을 더 들여다본다 → 30으로 이동

30

새로운 판본이 나타났다. 『아몰츠퍼스그』. 글리치 인쇄기로 찍혀, 페이지마다 20개의 오타를 뿌렸다. 그러나 그것은 단순한 결함이 아니었다. 정밀한 규칙처럼 보였다. 번지고 재배열된 문장은 오히려 원본보다 강렬한 미학을 품고 있었다.

『아몰츠퍼스그』를 탐구한다 → 31로 이동
오타를 세어 본다 → 32로 이동
오타를 암송한다 → 33으로 이동

31

『아몰츠퍼스그』는 읽을 수 없을 정도로 번지고 재배열되었다. 그러나 섬세한 눈을 가진 자는 오히려 원본보다 강렬한 아름다움을 체험할 수 있었다. 당신은 오류가 곧 장치임을 깨달았다.

다음 판본을 찾는다 → 34로 이동

32

오타를 세어 보니 정확히 20개. 규칙적인 실패였다. 실패는 계산된 농담처럼 페이지에 박혀 있었다. 당신은 웃음과 경외가 동시에 밀려오는 것을 느꼈다.

오타를 모조리 기록한다 → 34로 이동

33

오타들을 소리 내어 암송하자, 『아몰츠퍼스그』의 배열은 악보의 형태로 발전되었다. 당신은 미학과 오류가 뒤섞인 축제를 목격한다.

악보를 훔치고, 축제를 기록한다 → 34로 이동

34

마지막 판본이 펼쳐졌다. 『아몰퍼스 100주년 기념판』. 고급 종이; 유명인의 추천사, 분기가 500개로 늘어난 새로운 해설, 세탁기 기능, 아이 돌봄 기능. 적당한 온도에 뒤집고 익혀 주는, 책 한 권이 가전제품으로 진화해 있었다. 이것은 진지한 축하인가, 상업적 농담인가.

『아몰퍼스 100주년 기념판』을 찬미한다 → 35로 이동
『아몰퍼스 100주년 기념판』을 조롱한다 → 36으로 이동

35

당신은 『아몰퍼스 100주년 기념판』을 찬미했다. 그러나 찬미 속에는 늘

멜트미러(게임개발자 · 영상작업자)

두려움이 스친다. 이것이 언어의 운명이라면, 당신의 수리는 어디까지 허용되어야 할까.

판본들을 정리한다 → 39로 이동

36

당신은 『아몰퍼스 100주년 기념판』을 조롱했다. 그러나 웃음 뒤에는 냉소와 경외가 동시에 있었다. 농담 같았으나 지나치게 진지했다.

판본들을 정리한다 → 37로 이동

37

『아퍼몰스』는 미숙했으나 집착했고, 『아몰츠퍼스그』는 오류 속 미학을 품었으며, 『아몰퍼스 100주년 기념판』은 상업과 경외가 겹쳤다. 셋은 달랐지만 모두 같은 원형을 공유했다.

판본들을 종합한다 → 38로 이동

38

당신은 세 가지 판본의 뿌리를 『아몰퍼스 펄프』로 간주했다. 가장 통속적이었던 『아몰퍼스』. 모험과 사랑과 배신의 서사는 감상자를 감정의 구덩이로 밀어 넣었다. 마침 카탈로그도 선명하게 『아몰퍼스 펄프』를 광고한다.

당신은 점점 결론에 다가간다 → 40으로 이동

39

당신은 판본의 다양성을 메모했다. 실패와 오류, 상업적 희극마저 단서였다. 수리는 분류였다.

파트3으로 이동합니다. ⭕

40

당신은 수리에 필요한 것과 불필요한 것을 가려내기 시작했다. 원형이 『아몰퍼스 펄프』라면 결국 떠올릴 키트는 하나뿐이다.

파트3으로 이동합니다. ⭕

Part 3

41

『아몰퍼스』를 수리하기 위해선 생성 키트가 필요했다. 판본만으로는 도서관을 불러낼 수 없다. 활자와 공간을 연결하는 매개체, 그것이 키트였다.

키트를 면밀히 살핀다 → 42로 이동
키트를 바로 실행해 본다 → 43으로 이동

42

당신이 손에 쥔 것은 국가가 오래전에 폐기한 모델, 『매트리크스』였다. 느린 로딩 속도와 함께, 사용자의 인내심을 시험하는 장치. 사용자의 시각 체계를 심각하게 바꿔 버릴 수 있다는 경고가 덕지덕지 붙어 있다. 당신은 그 경고가 농담인지 진실인지 판단하지 못한 채, 당장은 묘한 설렘을 느꼈다.

경고문을 자세히 읽는다 → 44로 이동

경고를 무시한다 → 45로 이동

장치의 외관을 먼저 관찰한다 → 46으로 이동

43

당신은 『매트리크스』를 즉시 실행했다. 화면 대신, 사물이 세 겹으로 겹쳐 보였다. 책상은 삼중으로 흔들리고, 손은 색을 잃었다. 시야는 무채색으로 바뀌어 장난감처럼 보였다. 그 불편은 동시에 매혹이었다. 당신은 이 싸구려 장치의 본질이 불편 그 자체임을 깨달았다.

무모한 시야의 도전

[D6] 판정: 1–3 → 시야가 붕괴 → 47로 이동

4–6 → 시야가 적응 → 48로 이동

44

경고문은 장황했다. "『매트리크스』는 사용자의 평생 시각 체계를 변경할 수 있음. 시야는 무채색·삼중 격자무늬로 변할 수 있음." 단어마다 붉은

LED가 깜빡였다. 당신은 웃었다.

경고문이야말로 장치의 가장 신뢰할 만한 설명서였다.

경고문을 찢는다 → 49로 이동

경고문을 메모한다 → 50으로 이동

45

당신은 경고를 무시했다. 대신 장치의 버튼을 눌렀다. 무덤 속 돌출된 손가락처럼 솟은 압출식 전원이 울부짖었다. 마찰음은 무겁고 불길했다. 그러나 그 불길함 속에 오히려 확신이 있었다. 당신은 웃으며 손끝을 더 강하게 눌렀다.

실행을 이어 간다 → 47로 이동

손을 떼고 다시 생각한다 → 46으로 이동

46

『매트리크스』의 외관은 우스꽝스러웠다. 오른쪽에서 보면 초록빛, 왼쪽에서 보면 붉은빛. 공기를 압축해 내뿜자 잉크 냄새가 번졌다. 패널은 조잡해 종잇조각 같았다. 그러나 실행 버튼만큼은 핵심이었다. 당신은 그것이 언어의 운명을 바꾸리라 예감했다.

초록빛을 관찰한다 → 48로 이동

붉은빛을 관찰한다 → 49로 이동

버튼을 즉시 누른다 → 50으로 이동

47

시야는 붕괴했다. 사물이 겹쳐지고, 의자와 책상이 서로 파고들었다. 색맹이 된 듯 모든 것이 무채색으로 번졌다. 그러나 붉은 LED만은 대범하게 깜박였다. 그것은 "계속하라."는 지시 같았다.

LED를 따른다 → 48로 이동
LED를 무시한다 → 49로 이동

48

시야는 적응했다. 세 겹의 이미지가 하나로 합쳐졌다. 당신은 언어가 새로운 필터를 통과해 재배열되는 것을 보았다. 불편은 곧 시각적 확신으로 바뀌었다. 이 장치는 실패처럼 보이나, 실패 속 확실성을 품고 있었다.

붉은 LED를 바라본다 → 50으로 이동
기계음을 따라 귀 기울인다 → 49로 이동

49

『매트리크스』의 왼쪽 면. 붉은빛이 치과용 드릴처럼 귀를 찔렀다. 샘플 주입구와 가스 밸브가 뒤엉켜 있었다. 중앙 다이얼은 쓸데없이 크고, 레버는 헐겁게 덜컥거렸다. 그러나 실행 버튼만은 묘하게 신뢰감을 줬다. 당신은 그 신뢰를 시험하고 싶었다.

버튼을 누른다 → 50으로 이동

버튼을 외면한다 → 46으로 이동

50

무엇보다도 기묘한 것은 울음소리였다. 실행할 때마다 사람의 울음이 흘러나왔다. 녹음인지, 실시간인지, 잊힌 기억인지 알 수 없었다. 그러나 울음은 언제나 기계의 실패를 위로했다. 당신은 생각했다. 이것이야말로 『매트리크스』의 가장 인간적인 기능일지도.

파트4로 이동합니다. ➲

Part 4

51

당신은 『고장 난 아몰퍼스』와 생성 키트를 맞물려 융합체를 합성하기 시작했다. 붉은 LED가 점등되자, 종잇장과 회로가 서로를 끌어안았다. 불법 도서와 싸구려 장치의 조합은 조잡해 보였지만, 의외로 단단한 이음매를 이루었다. 수리란 언제나 기계적인 동시에 의례였다.

합성 과정을 지켜본다 → 52로 이동

눈을 감는다 → 53으로 이동

멜트미러(게임개발자 · 영상작업자)

52

결착력은 놀라울 만큼 단단했다. 이질적 재료들이 이토록 자연스럽게 맞물리는 것은 아이러니였다. 방 안 공기는 종이 냄새와 기계의 열기로 채워졌다. 당신은 숨을 고르며, 이 수리가 단순한 기술이 아니라 일종의 제례와 같음을 직감했다.

합성 속도를 재 본다 → 54로 이동

손을 기계 위에 얹는다 → 55로 이동

53

눈을 감자, 합성음은 심장박동처럼 울렸다. 문장이 서로 봉합되며 하나의 생체처럼 뛰기 시작했다. 당신은 이 과정을 애도 의식에 비유했다. 활자가 꿰매어지고, 회로가 봉인되는 순간은 흰 국화가 놓이는 장례식 같았다.

추억 속으로 빠져든다 → 56으로 이동

합성음을 따라 호흡한다 → 57로 이동

54

합성 속도를 재니, 느리지만 확실했다. 매초마다 문장이 하나씩 봉합되고 있었다. 그 느림은 고통스러웠지만, 동시에 예술 같았다. 당신은 장치의 불완전함이 오히려 수리의 진정성을 만든다고 생각했다.

계속 지켜본다 → 58로 이동

눈을 감고 인내한다 → 53으로 이동

55

손을 기계 위에 얹자, 뜨겁고 거친 이음새가 전해졌다. 마찰음은 무겁게 울렸고, 전원 버튼은 무덤 속 손가락처럼 솟아 있었다. 당신은 불길함 속에서 오히려 확신을 느꼈다.

손을 떼고 뒤로 물러선다 → 59로 이동

버튼을 더 눌러 본다 → 60으로 이동

56

추억이 파도처럼 밀려왔다. 어두운 장례식장, 겹쳐 보이는 흰 국화, 이중으로 갈라진 얼굴들. 끝없는 서가가 겹쳐졌고, 죽음과 기록이 하나의 관 속에 닫혀 버렸다. 당신은 합성이 애도의 또 다른 형식임을 느낀다.

슬픔을 직시한다 → 61로 이동

기억에서 도망친다 → 62로 이동

57

합성음에 호흡을 맞추자, 방 안의 공기는 두터워졌다. 그러나 그 속에서 울음소리가 흘러나왔다. 녹음인지, 실시간인지, 아니면 당신이 잊어버린 기억인지 알 수 없었다. 울음은 기계의 실패를 위로했다.

울음을 따라 흐느낀다 → 63으로 이동

58

시간은 느리게 흘렀다. 당신은 졸음을 이기지 못하고 몸을 뉘었다. 그때 작은 인형들이 시야에 들어왔다. 유리처럼 반짝이는 눈알은 응원 같기도, 감시 같기도 했다. 당신은 공연 중인 배우처럼 누워 있었다.

인형들을 응시한다 ➔ 64로 이동
인형을 무시한다 ➔ 65로 이동

59

당신은 손을 떼고 물러났다. 그러나 기계는 스스로 윙윙거리며 합성을 이어 갔다. 붉은 LED는 무시당한 듯 깜박였다. 당신은 외면을 선택했지만, 수리자의 의무는 당신을 다시 무대로 끌어 올리려 했다.

억지로 눈을 감는다 ➔ 53으로 이동
기계를 다시 바라본다 ➔ 54로 이동

60

당신은 버튼을 더 눌렀다. 기계는 비명을 질렀고, 합성음은 심장을 찢는 박동으로 변했다. 방 안이 무너지는 듯 요동쳤다. 그러나 붉은빛은 계속 길을 가리켰다.

빛을 따른다 ➔ 63으로 이동
손을 떼고 주저앉는다 ➔ 62로 이동

61

슬픔을 직시하자, 지인의 유품 속 『아몰퍼스』가 떠올랐다.

그의 『아몰퍼스』는 단어 대부분을 소실하며 일관성을 유지했다. 소실은 그가 외면한 것, 그 애착 속에는 늘 여린 슬픔이 드러났다. 현실의 그는 까탈스러운 인물이었지만, 그의 『아몰퍼스』는 세상에서 가장 슬픈 책이었다. 당신은 경외와 장례가 겹쳐짐을 느꼈다.

합성을 마저 기다린다 → 63으로 이동

62

당신은 아마 그때도 도망쳤을 것이다.

당신은 미래에도, 영원히 도망치고 있을 것이다.

당신의 눈꺼풀은 끝내 열리지 않았다. 합성은 어쩌면 성공했을지도 모른다. 그러나 그 결과를 확인할 자리는 없다.

실험실은 조용히 막을 내렸고, 객석에는 관객조차 없었다.

GAME OVER

수리자는 무대 밖에서조차 아무도 기억하지 않는다.

63

울음을 따라 흐느끼자, 합성은 더 강렬하게 이어졌다. 회로와 종이가 완전히 봉합되며, 기계는 살아 있는 심장처럼 떨렸다. 당신은 이 장치가 실패와 슬픔으로 작동한다는 사실에 경외심을 품었다.

인형들의 시선을 느낀다 → 64로 이동
붉은 LED를 똑바로 본다 → 65로 이동

64

인형들은 눈을 깜박이지 않았다. 그 침묵은 응원인지 감시인지 끝내 분간할 수 없었다. 그러나 당신은 그 침묵을 수용하기로 했다. 당신은 배우이자 희생자였다.

합성 완료를 기다린다 → 65로 이동

65

기계가 비릿한 알람을 울렸다. 융합체의 합성이 완료된 것이다. 당신은 어지러움을 느끼며 무겁게 눈꺼풀을 들어 올렸다.

파트5로 이동합니다. ●

Part 5

합성이 끝난 융합체를 든 당신은 의외의 설치 장소를 고른다. 그곳은 방 모퉁이의 구토 위였다. 식별 불가의 위액과 반쯤 소화된 잔해가 얇은 막을 형성하고 있었다. 그러나 기묘하게 포근한 공기가 그 위에 깔려 있었다. 실패한 만찬의 흔적은 새로운 문명이 자라날 토양처럼 보였다.

주저 없이 구토 위에 올린다 ➔ 66으로 이동

다른 장소를 찾는다 ➔ 67로 이동

66

구토 위로 스멀스멀 냄새가 피어올랐다. 그러나 그것은 이상하게도 목마름을 불러일으켰다. 단순한 생리적 욕망이 아니었다. 언어 자체가 갈증을 느끼는 듯했다. 당신은 이 설치가 혐오스럽지만 동시에 언어를 위해 필요한 의식임을 직감했다.

구토 냄새를 들이마신다 ➔ 68로 이동

코를 막고 설치를 마친다 ➔ 69로 이동

67

다른 장소를 찾으려 했으나, 어디에도 마땅한 자리는 없었다. 깨끗한 바닥은 불모처럼 느껴졌고, 책상 위는 허영인 것처럼 느껴졌다. 결국 다시 구토 쪽을 돌아봤다. 불결한 곳이야말로 『아몰퍼스』의 문명이 뿌리내릴 자리라는 사실이 자명했다.

구토 위에 조심스레 올린다 ➔ 66으로 이동

68

당신은 일부러 깊게 들이마셨다. 썩은 듯 알싸한 냄새는 오히려 정신을 각

성시켰다. 언어의 갈증이 채워지는 듯, 머릿속에서 새로운 문장들이 뿌리를 내렸다. 역설적이게도, 역겨움이 창조의 영양분이 되었다.

실행 버튼을 누른다 → 69로 이동

개미를 기다린다 → 70으로 이동

69

당신은 실행 버튼을 눌렀다. 붉은 LED가 깜박이며 실패와 재생의 경계를 그었다. 방 안은 얼어붙었고, 모든 단어가 구토 속으로 흡수되는 듯 정적이 드리웠다. 당신은 심장이 벽지처럼 얇아져, 한 장만 찢으면 세상이 무너질 듯한 위태로움을 느꼈다.

눈을 질끈 감는다 → 70으로 이동

정적 속을 응시한다 → 70으로 이동

70

구토 위에서 작은 개미들이 군집을 이루었다. 그들은 잔해의 파편을 물어 나르며 탑을 세웠다. 언어적 기둥은 방 천장까지 솟구쳤고, 그 형태는 도서관의 미니어처 같았다. 개미들의 건축술은 혐오스럽지만 동시에 미학적이었다. 구토, 벽, 개미가 하나로 이어지며 도서관의 건립을 위한 지난 문명의 토대를 묘사하기 시작했다. 당신이 외면할 첫 문명은 024년, 탄식의 바늘 문명이었다.

파트6으로 이동합니다. ➡

Part 6

71

합성체가 빛을 떨며 문명의 첫 장을 열었다.

024년, 탄식의 바늘 문명. 바늘과 실이 무한히 얽히는 작업장, 그러나 그 연결은 언제나 실패했다. 전쟁은 옷깃을 찢는 방식으로 치러졌고, 사회는 상처만 남겼다. 당신은 관통의 얽힘 속에 강제로 끌려들었다.

재봉사들의 찬미를 본다 → 72로 이동
목수들의 실패를 본다 → 73으로 이동

72

재봉사들은 서로의 옷을 찢으며 신을 찬미했다. 실밥이 끊어질 때마다 그들은 계시를 외쳤다. 상처는 곧 기도의 흔적이었다. 당신은 천이 찢기는 소리가 찬송처럼 울려 퍼지는 것을 들었다.

바늘의 제례를 더 목격한다 → 74로 이동

73

목수들은 실로 목재를 묶으려 했으나, 집은 세워지지 않고 무너졌다. 파편은 바람에 흩날렸고, 아이들이 그 조각을 주워 장난삼아 던졌다. 당신은 그 웃음조차도 실패의 의식 같다고 느꼈다.

멜트미러(게임개발자 · 영상작업자)

목수의 파편을 더 본다 → 74로 이동

74

바늘과 실의 세계는 끝내 이어지지 않았다. 실밥은 풀어지고, 상처만이 남았다. 합성체는 문명의 파편을 접어 다음 장으로 당신을 던졌다.

219년, 균열 플랜트 문명. 뿌리는 갈라지고, 농업은 균열을 숭배했다.

농부들의 수확을 본다 → 75로 이동
식물학자의 연구를 본다 → 76으로 이동

75

농부들은 흙보다 균열을 집중적으로 수확했다. 그들은 갈라진 밭에서 흙이 아닌 틈새를 묶어 자랑했다. 당신은 뿌리 사이로 번져 나가는 황폐를 보며, 균열이 이 문명의 노래임을 깨달았다.

균열의 밭을 더 응시한다 → 77로 이동

76

식물학자는 찢어진 줄기를 현미경에 올렸다. 그는 균열 속에서 미래의 문장을 발견했다고 말했다. 그러나 그 문장은 둘로 갈라져, 결코 하나로 읽히지 않았다. 당신은 눈앞이 두 갈래로 흔들리는 것을 느꼈다.

균열의 문장을 더 들여다본다 → 77로 이동

77

균열은 계속 번졌다. 뿌리는 토양을 삼키고, 땅은 더 이상 흙이 아니라 상처였다. 합성체는 갈라진 틈을 닫듯 화면을 접고, 다음 시대로 밀어냈다. 345년, 평면 문명.

평면의 문화로 휩쓸린다 → 78로 이동

78

345년, 무의미한 평면 문명. 그림자조차 허락되지 않는 납작한 대지. 문화는 두께를 거부했고, 표면의 숭배가 유행이었다. 전쟁은 서로를 납작하게 눌러 종이처럼 찢었다.

화가들의 운명을 본다 → 79로 이동
지도 제작자들의 방황을 본다 → 80로 이동

79

화가들은 끝없이 선을 그었으나 깊이를 남기지 못했다. 그들의 작품은 납작한 흔적만 남았고, 화가들은 그 선 속으로 스스로 흡수되었다. 당신은 얇아진 공기 속에서 호흡이 막혔다.

평면의 숨결을 더 본다 → 81로 이동

80

지도 제작자들은 평면 위를 떠돌며 가장자리를 찾았다. 그러나 경계는 결

멜트미러(게임개발자 · 영상작업자)

코 드러나지 않았다. 지도의 종이는 갈수록 얇아져, 결국 제작자들 스스로 그 위에 눌렸다.

종이 위의 흔적을 더 본다 → 81로 이동

81

평면 아래엔 무한 차원이 있었으나, 누구도 열지 못했다. 그 미결의 공간은 문명을 무너뜨리고, 찢어진 종이만 남겼다. 당신은 그 종잇조각에 깔리듯 다음 시대로 밀려났다.

이어지는 장면을 본다 → 82로 이동

82

합성체는 다시 바늘을 꺼냈다. 1600년, 두 번째 바늘 문명. 이번엔 종교였다. 바늘과 실은 제단 위의 도구였고, 실패한 연결은 숭배의 교리였다. 전쟁은 천을 찢는 의식으로 치러졌다.

사제들의 제례를 본다 → 83으로 이동
순례자들의 행진을 본다 → 84로 이동

83

사제들은 실을 제단에 얹고, 찢어지는 순간을 계시라 불렀다. 그들은 고통 속에서만 신을 만날 수 있다고 믿었다. 당신의 귀에도 찢어지는 소리가 계시처럼 울렸다.

의례의 끝을 본다 → 85로 이동 → 85로 이동

84

순례자들은 상처를 자수 문양처럼 새기고 거리를 행진했다. 피 묻은 문양은 신의 서명처럼 보였다. 당신은 그 붉은 글자를 따라 잠시 행렬 속에 휩쓸렸다.

행렬의 끝을 본다 → 85로 이동

85

상처와 실밥으로 이어진 바늘의 교리마저 피로 얼룩지자, 합성체는 천을 찢어 내고 새로운 도시에 당신을 던졌다.

2035년, 디지텔리카 문명. 이곳은 감각 과잉의 거대한 축제장이었다. 하늘은 무한히 반복되는 광고 패널로 가득 차 있었고, 건물의 표면은 끊임없이 영상과 소리를 방출했다.

지나가는 시민들의 피부에는 진동 장치가 붙어 있어, 걸음마다 촉각이 번쩍이며 울렸다. 문화는 자극을 예찬했고, 도덕은 사라졌다. 모든 광장에서는 끝없는 음악이 재생되었으나, 그 곡조는 언제나 조금씩 달라져 원본이란 개념이 사라졌다. 유행은 피로 그 자체였다. 사람들은 자극을 멈추려 했으나 손가락은 스스로 화면을 넘겼다. 눈꺼풀을 감아도 눈동자 안쪽에 이미지는 계속 투사되었다. 입자를 투영하는 거리의 벽면은 똑같은 장면을 수천 번 복제해 숨결로 내보낸다. 처음에는 쾌락처럼 보였으나, 반복이 이

멜트미러(게임개발자 · 영상작업자)

어질수록 열화가 따라온다. 몸은 픽셀로 갈라지고, 음성은 뼛가루처럼 곱게 갈려 나간다. 중만한 사람들은 손상과 잡음에 중독되어 간다. 완전한 쾌락은 금세 싫증을 불렀고, 결함과 노이즈™아름다운추⊠마침내⊠⊠억만이 사람들을 붙잡았다.

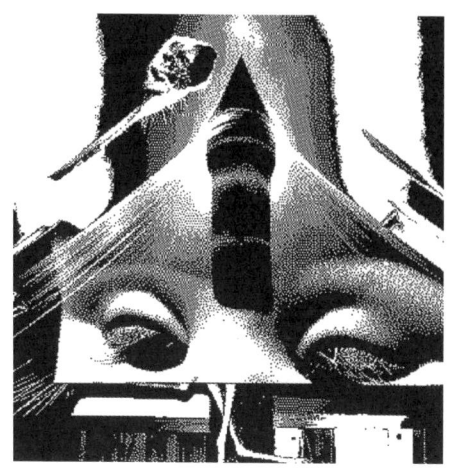

어느 큐레이터를 본다 ➜ 86으로 이동

고용한 언론인들을 본다 ➜ 87로 이동

흐름에 매몰된다 ➜ 88로 이동

86

데이터 큐레이터는 잿더미 속에서 자기 이름이 붙은 파일을 찾았다. 그러나 그 파일은 100번 복제되다가 이름이 지워졌다. 당신은 무명 데이터의 바닷속에서 숨이 막혔다.

더 많은 복제를 목격한다 ➜ 87로 이동

87

언론인들은 같은 기사를 1,000번 복제하다 서로의 오타만 인용했다. 반복은 파열이 되었고, 도시는 데이터의 잿더미로 가라앉았다. 당신은 잿빛 속에서 간신히 빠져나왔다.

다음 장면을 본다 → 89로 이동

88

당신은 저항하지 않고 흐름에 몸을 맡겼다. 화면은 피부에 겹겹이 새겨졌고, 광고 문구가 이마에 낙인처럼 찍혔다. 소리는 귀를 뚫고 들어와 고막을 진동시키다, 결국 심장의 맥박과 구별되지 않았다. 촉각은 무의미해졌다. 마우스 클릭, 손가락의 스크롤, 가상 키보드의 진동이 당신의 신체 감각 전부로 바뀌어 버렸다.

언론인들이 복제한 기사는 눈송이처럼 쏟아져, 눈꺼풀 위에서 얼음처럼 켜켜이 쌓였다. 큐레이터가 찾던 파일들은 당신의 폐 속으로 흘러들어, 숨결마다 이름 없는 데이터가 들고났다. 당신은 점점 더 압축되어 한 줄의 코드, 한 번의 오류 메시지로 변해갔다.

LED는 깜박였으나 그것조차 과잉의 홍보 문구처럼 보였다. 수리자는 실행되지 않았다. 당신의 기록은 오타처럼 지워졌고, 언어조차도 복제된 사본 속에서 방향을 잃었다. 이제 당신은 파일명 없는 문서로 흩어졌다.

GAME OVER — 당신은 디지텔리카의 시민들과 함께 자기 소멸의 축제에 갇혔다.

　　　　멜트미러(게임개발자 · 영상작업자)

89

합성체는 파열된 데이터의 먼지를 털어 내고, 마지막 장을 열었다. 3022년, 두 번째 평면 문명. 모든 건물이 투명한 화면으로 치환된 도시였다. 군인들은 그림자를 무기로 삼다 종이처럼 눌렸다.

도시의 최후를 목격한다 → 90으로 이동

90

광원이 꺼지자 도시 전체가 단숨에 증발했다. 유리 빌딩들은 얇은 종잇장처럼 접혀 사라졌고, 군인들의 그림자는 납작하게 눌리며 땅에 박제되었다. 건축가들이 세웠던 빛의 구조물은 갈라진 거울처럼 부서져, 파편이 공중에 매달린 채 반짝였다.

그러나 사라진 것은 단순한 도시가 아니었다. 024년의 찢긴 천, 219년의 갈라진 뿌리, 345년과 3022년의 평면, 1600년의 바늘, 그리고 2035년의 잿빛 데이터가 서로 겹쳤다. 각각의 실패한 문명은 여전히 잔해를 뿜으며, 합성체의 심장에서 불협의 오케스트라처럼 뒤엉켰다. 당신은 그 소음을 듣는 동시에, 소음이 하나의 구조물로 응결하는 과정을 목격했다.

찢어진 종이들이 천장에 매달려 서가가 되었고, 갈라진 뿌리들은 서류철의 고리처럼 얽혀 문서를 고정했다. 붉은 데이터의 잔해는 창문 유리처럼 반짝이며, 오타들은 각 장의 미주가 되어 빛났다. 바늘의 실밥은 봉인 끈처럼 책등을 묶었다.

그리고 마침내 단 하나의 도서관이 완성되었다. 문명의 실패, 상처, 소멸, 복제, 얇음, 울음이 모두 녹아든 장소. 합성체는 당신을 그 문 앞에 데려다 놓았다.

파트7로 이동합니다. ➡

Part 7

91

도서관은 건조한 사람의 옷깃에서 튀어나왔다. 옷깃은 주머니처럼 부풀더니 수많은 책을 쏟아 냈다. 그러나 이 책은 친절한 지식의 선물이 아니었다. 잡는 순간, 책은 넥타이처럼 목을 조이기 시작했다. 당신은 "지식은 힘이다."라는 말이, 여기서는 "지식은 목 조름이다."로 바뀌는 걸 체감했다.

그래도 책을 잡는다 → 92로 이동
책을 지나친다 → 93으로 이동

92

책을 잡자, 당신의 옷깃이 움켜쥐듯 조인다. 문장은 낱말이 아니라 목줄이었다. 한 글자마다 후두부를 압박했다. 당신은 "이건 문장의 향연이 아니라, 언어의 질식 체험장 아닌가?" 하고 중얼거렸다.

숨을 참는다 → 94로 이동

멜트미러(게임개발자 · 영상작업자)

결국 책을 놓는다 → 93으로 이동

93

힘을 빼고, 옷깃을 스쳐 지나가자 책들이 무심히 흔들렸다. 그러나 공간 전체의 무게는 여전히 당신을 짓누른다. "늦게 반납한 벌금은 목으로 갚으시오."라고 종용하는 듯 했다.

무게를 버틴다 → 94로 이동
더 깊이 들어간다 → 95로 이동

94

이 도서관의 기원은 우체국 붕괴였다. 발신자를 잃은 편지들이 쌓여 건물이 무너지고, 결국 편지가 책으로 진화했다. 책들은 주소 없는 청구서 같았고, 아무리 넘겨도 수신인은 "당신"이었다. 당신은 거대한 우편 사기극에 말려든 기분이었다.

손 편지를 집는다 → 96으로 이동
종이를 밟고 지나간다 → 95로 이동

95

옷깃 속 복도는 당신을 더욱 강하게 압박한다. 한 발을 디딜 때마다 사전만큼 몸을 억지로 부풀린 전화 요금 청구서가 "쉿, 찌푸린 표정은 연체료!"라고 속삭이는 듯했다. 당신은 지식이 차감되는 기분으로 이 길을 통과한다. 그러나 그 끝에는 누군가가 서 있었다.

소년 사서를 만난다 → 96으로 이동

96

소년 사서가 등장했다. 그는 하루마다 언어를 갈아 끼우는 신기한 버릇이 있었다. 오늘은 건조한 산문체, 어제는 부끄러운 고백의 결실, 내일은 아마 공지 사항의 단호함이 있을 것이다. 그러나 그의 표정은 변하지 않았다. 마치 감정이란 사소한 부속품을 오래전에 도서관 어딘가에 두고 온 듯했다.

그의 목소리에 귀 기울인다 → 97로 이동
도서 카드 묶음을 본다 → 98로 이동

97

소년은 낡은 도서 카드를 품에서 꺼냈다. 책을 열면 무게를 숫자로 환산하는 버릇이 있었다. 책 속의 시 한 편이 32그램, 소설 한 권이 1.4킬로그램. 그는 "언어는 무겁다."를 물리법칙처럼 증명했다. 당신은 이곳이 도서관인지 헬스장인지 혼란스러웠다.

무게를 함께 잰다 → 98로 이동
무게를 무시한다 → 99로 이동

98

소년의 목적은 그 사람을 구하는 것이었다. 문제는 활자를 보는 순간 심장이 두근거려 쓰러질 정도로 병약하다는 점. 그는 활자를 볼 때마다 기쁨과 함께 질식했다. 아이러니하게도, 그는 누구보다도 언어에 묵직한 집착을

　　　　멜트미러(게임개발자 · 영상작업자)

지니고 있었으나, 동시에 세상에서 가장 허약한 독자였다.

소년을 부축한다 → 99로 이동

99

소년은 도서 카드를 내밀었다. 그것은 길을 여는 열쇠이자 무게 영수증이었다. 그는 숨을 헐떡이며 속삭였다. "그 사람을 꺼내려면, 이 문장을 먼저재야 합니다." 당신은 그가 수표라도 내미는 줄 알고 잠시 착각했다.

도서 카드를 받는다 → 100으로 이동
거절한다 → 98로 이동

100

당신은 주저하지 않고 소년을 따라갔다. 책들이 흔들리며 숨결을 죄는 가운데, 도서카드가 열쇠처럼 길을 열었다. 책 속에서 희미한 목소리가 흘러나왔다. 아마도 소년이 찾는 그 사람일 것이다. 당신은 과장된 언어의 무게에 짓눌리면서도, 자신이 세계에서 가장 진지한 인질극에 참여 중임을 깨달았다.

당신은 점차 수리의 핵심에 다가서고 있었다.

파트8로 이동합니다. ➲

Part 8

101

옷깃 속 복도를 지나 당신은 마침내 도서관의 진짜 입구로 들어왔다. 천장은 종잇장처럼 얇았고, 바닥은 아직 젖은 봉투 같았다. 공기는 활자의 잉크 냄새로 무거웠다. 사서가 손짓하자, 계단이 툭 떨어졌다. 지하 3층. 비닐이 살아 숨 쉬며 당신을 기다리고 있었다.

계단을 밟아 내려간다 → 102로 이동

비닐을 바라본다 → 103으로 이동

그냥 도망치고 싶다 → 104로 이동

102

계단은 유리처럼 투명했다. 발끝에 비닐의 그림자가 어른거렸다. 심장이 귀 옆에서 요동쳤다. 내려갈수록 공기는 웃음 같으면서도 가벼운 비명 같았다.

사서를 따른다 → 105로 이동

계단을 세게 구른다 → 106으로 이동

103

비닐은 창백하게 부풀어 있었다. 마치 기분 나쁜 풍선 동물 같았다. 속에서는 가위·바위·보가 동시에 던져지고 있었다. 당신은 패배와 승리를 동시에 겪는 어색한 승부사였다.

멜트미러(게임개발자·영상작업자)

손을 비닐에 대 본다 → 107로 이동

그냥 지나친다 → 105로 이동

104

당신은 등을 돌렸다. 그러나 도망치려는 순간 옷깃이 다시 목을 조였다. 숨이 막혔다. 사서가 한숨 쉬며 비닐을 찢어 냈다. "이 도서관은 아직 당신을 내보내지 않습니다." 당신은 억지로 다시 계단 위에 던져졌다.

계단을 내려간다 → 105로 이동

105

사서는 거울 같은 손바닥을 내밀었다. 손금은 미로 같았다. 그 미로가 길이 되어, 계단은 아래로 밀려났다. 당신은 숨이 조여드는 통로 속으로 떨어졌다.

계단을 따라 내려간다 → 108로 이동

106

계단을 세게 구르자 투명한 파편이 튀었다. 파편 속에는 문장이 적혀 있었다. "미끄럼 주의." 도서관의 농담에 당신은 쓸쓸히 웃었다.

파편을 밟고 내려간다 → 108로 이동

107

손을 대자 비닐이 끈적하게 달라붙었다. 마치 신입생 환영회에서 억지로 씌운 풍선 모자처럼 우스꽝스러웠다. 당신은 얼굴이 빨개져 스스로 비닐을 뜯어냈다.

계단으로 향한다 → 108로 이동

108

비닐은 끝내 터지지 않았다. 대신 작은 종이비행기를 내뱉었다. 종이비행기엔 "비행 금지."라 적혀 있었다.

종이비행기를 줍는다 → 109로 이동
무시하고 내려간다 → 110으로 이동

109

종이비행기를 펴니 안쪽엔 농담 같은 문장이 적혀 있었다. "여행은 금지, 추락은 허용." 당신은 고개를 끄덕이며 웃었다.

사서에게 건넨다 → 110으로 이동

110

사서는 종이비행기를 다시 비닐 속에 접어 넣었다. 계단은 조용히 닫히고, 당신은 지하 10층으로 굴러 내려갔다.

종이비행기가 걸어간다 → 111로 이동

멜트미러(게임개발자 · 영상작업자)

111

학교 대신 도서관으로 향했던 기억이 지하 10층에서 다시 펼쳐졌다. 그러나 이 도서관은 분명히 학교의 패러디 같았다. 교탁 대신 혁명가의 일기장이 놓여 있었고, 교과서 대신 명암 없는 그림이 칠판처럼 걸려 있었다. 그림 속 나뭇가지들은 중력을 잃고 허공에 매달려 있었는데, 마치 하품하다만 손가락처럼 늘어진 채 "수업 따위는 끝났다."는 듯 비죽거렸다. 그림은 언제나 납작했지만, 당신은 그 납작함 속에서 기묘한 무게를 느꼈다. 웃음 같은 동시에 추락 같았다. 얇디얇은 종이가 사실은 무거운 철판처럼 내려앉는 순간, 당신은 학교에서 도서관으로 걸어가던 발걸음을 떠올렸다. 책가방 속 교과서는 허술했으나, 지금 눈앞의 그림은 지나치게 진지했다. 당신의 웃음소리가 발밑 계단을 흔들었고, 그 흔들림이 곧 당신 자신을 시험에 들게 하는 질문지처럼 느껴졌다.

그림을 본다 → 112로 이동
나뭇가지를 잡는다 → 113으로 이동

112

그림은 평평했지만, 무게가 있었다. 웃음 같고 추락 같았다. 당신의 웃음소리가 발밑 계단을 흔들었다.

계속 들여다본다 → 114로 이동
사서를 찾는다 → 115로 이동

113

나뭇가지를 잡자 무게가 한꺼번에 쏟아졌다. 허공의 농담이 추락의 현실로 바뀌었다.

가지를 놓는다 → 114로 이동

114

사서는 저울을 꺼냈다. 그림을 올려 재자, 저울 바늘이 3킬로그램을 가리켰다. 그림은 억울하다며 삐걱거렸다.

바늘을 본다 → 115로 이동

115

저울 바늘은 곤두박질치듯 흔들렸다. 당신이 추락을 상상하자 무릎이 풀렸다. 그러나 사서는 태연히 문을 열었다.

문으로 들어간다 → 116으로 이동

116

문은 지하 23층으로 이어졌다. 당신은 추락과 웃음을 동시에 안고 내려갔다.

명암을 넣고 추락한다 → 117로 이동

멜트미러(게임개발자 · 영상작업자)

117

지하 23층엔 북생수섬의 생수어가 흘러 들어왔다. 바닥에는 투명한 물병들이 바다처럼 깔려 있었고, 그 표면마다 라벨이 붙어 있었다. "용기 재질: 폴리에틸렌, 사망일까지 보관 가능." 라벨은 친절한 정보의 얼굴을 하고 있었으나, 정작 읽는 순간 목구멍에 딱딱하게 걸리는 가시 같았다.

병마다 다른 주의 사항들이 붙어 있었는데, 어떤 건 "개봉 후 3일 안에 마실 것.", 어떤 건 "개봉 즉시 절망할 것."이라 적혀 있었다. 당신은 그것이 경고인지 농담인지 알 수 없었다. 그러나 어쩐지 광고 모델처럼 억지로 웃고 있는 자신을 발견했다. 병 속의 물맛은 눈물과 다르지 않았다. 마시면 갈증이 해소되지 않고, 오히려 더 깊어졌다. 수분이 아니라 기억이 몸에 흡수되는 것 같았다. 당신은 목을 축이는 대신, 과거의 편지를 삼킨 듯 서늘해졌다.

병을 마신다 → 118로 이동
라벨을 찢는다 → 119로 이동

118

물맛은 눈물과 다르지 않았다. 마실수록 갈증은 더 심해졌다. 당신은 억지 미소를 지었다.

갈증을 견딘다 → 120으로 이동

119

라벨엔 "헤어진 뒤엔 아프게 떠난다."라고 적혀 있었다. 당신은 "거짓말도 유통기한이 있군." 하고 중얼거렸다.

사서를 찾는다 → 120으로 이동

120

사서는 편지봉투 같은 길을 찢어 냈다. 당신은 우표처럼 들려 어딘가로 발송되는 기분이었다.

길을 따른다 → 121로 이동

121

잉크가 발끝에 묻자, 당신은 조금씩 지워지는 듯했다. 두려움과 해방이 동시에 밀려왔다.

계단을 내려간다 → 122로 이동

122

계단 끝, 지하 56층의 목소리들이 기다리고 있었다.
당신은 수리의 본질에 더욱 가까워진다.

목소리에 기대어 마음을 놓는다 → 123으로 이동

멜트미러(게임개발자 · 영상작업자)

123

종이가 한 장씩 불려 나왔다. 사람들은 줄을 지어 죄를 낭독했다. 당신 차
례에 신탁은 말했다. "끝끝내 아무것도 듣기지 못한 것이 내 죄다."

신탁을 외운다 → 124로 이동
신탁을 찢는다 → 125로 이동

124

광장은 웃음으로 진동했다. 기둥마다 목소리가 매달려 '목말라.'가 메아리
쳤다. 웃음과 갈증이 동의어가 되었다.

소리에 귀 기울인다 → 125로 이동

125

사서는 종이를 거꾸로 접어 계단으로 만들었다. 당신은 떨리는 발걸음으
로 그 위를 디뎠다. 미끄럼틀 같으면서도 고해성사 같았다.

계단을 내려간다 → 126으로 이동

126

계단 끝, 웃음과 갈증은 사라지고 지하 71층의 빛이 깜빡였다. 여기서부터
말이 더욱 거칠어진다.

의뢰인의 향기가 난다 → 127로 이동

127

마지막 층에는 언어 도둑의 감옥이 있었다. 오른손엔 수갑을 찼고, 왼손만이 기록을 남겼다. 욕설은 싼 동전, 사랑은 억만금의 사치였다.

언어의 가격을 센다 → 128로 이동

언어를 훔친다 → 128로 이동

너와 헤어진다 → 128로 이동

한 번만 더 → 128로 이동

수갑이 풀린다 → 128로 이동

128로 이동 → 128로 이동

128

"씨발=1원, 사랑=1억." 지하 71층의 시장은 언어로만 운영되는 바자회였다. 단어마다 가격표가 붙어 있었고, 사서가 손전등처럼 흔드는 빛은 마치 경매장의 조명 같았다. "한 번, 두 번, 세 번, 낙찰!" 그러나 낙찰된 것은 단순한 단어였고, 단어를 산 순간 의미는 값싸게 증발했다.

당신은 언어의 환율표 앞에 서 있었다. "눈동자=7, 용기=0.05, 혁명=500." 웃음을 터뜨리려 했으나, 곧 그 웃음조차 매매 가능하다는 사실을 깨달았다. 누군가가 당신의 웃음을 200원에 사 갔다. 당신은 잠시 가격표가 붙은 진열품이 된 기분이었다. 발밑의 바닥에는 수많은 영수증이 흩어져 있었고, 그것들은 낡은 연애편지와 똑같은 질감이었다. 당신은 자기도 모르게 지갑을 열어, 없는 돈으로 단어 하나를 몰래 훔치고 싶어졌다.

입으로 언어를 틀어막는다 → 129로 이동

멜트미러(게임개발자 · 영상작업자)

129

당신은 여전히 언어를 훔쳤다. 쓰고 또 쓰며, 단 한 번만 더 간파당하기 위해. 퇴화하고 창조한다. 그때 저 멀리서 사서가 당신의 이름을 부른다.

당신은, 당신의 이름을 기억한다 → 130으로 이동

130

사서는 손전등처럼 언어를 흔들며 길을 밝혔다. 빛은 희망 같았지만, 동시에 꺼질 것 같은 불안이 있었다.
도서관의 심장부로 걸음을 옮길수록, 당신과 사서는 서로를 분간하기 어려운 어둠과 적막에 잠겨 갔다.
하지만 감각이 마비될수록 오히려 당신이 해야 할 일은 선명했다.

필요 이상의 가능성 사이에서
『고장 난 아몰퍼스』의 빈칸을 찾아
전류를 흘린다.

-어디야?

파트9로 이동합니다. ●

Part 9

131

도서관은 끝내 당신을 놓아주었다. 옷깃에서 시작된 복도는 찢긴 천처럼 갈라지며 바깥 공기로 이어졌다. 계단을 오를 때마다 종이 파편이 흩날렸다. 등 뒤에서 책의 낙하음이 이어졌다. 그것은 붕괴라기보다 마지막 몸부림 같았다.

붕괴를 바라본다 → 132로 이동
파편을 줍는다 → 133으로 이동

132

낙하음은 언어가 제자리를 찾아가는 소리 같았다.
성공인지 실패인지 모를 소리였다.

낙하음을 따른다 → 134로 이동

133

손에 든 파편은 따뜻했다. 활자 하나가 새겨져 있었으나, 곧바로 바람에 지워졌다. 남은 건 빈 표면뿐이었다. 언어는 기록을 거부했고, 당신은 허탈한 손바닥을 쥔 채 웃음을 삼켰다.

파편을 내려놓는다 → 132로 이동
계속 쥔다 → 134로 이동

멜트미러(게임개발자 · 영상작업자)

134

사서는 지쳐 있었다. 품에는 도서 카드 뭉치를 안고 있었지만, 무게를 재던 저울은 이미 부서져 있었다. 그의 몸은 책보다 먼저 무너질 것 같았다.

그에게 다가간다 → 135로 이동

135

"그 사람을······." 사서는 중얼거렸다. 그러나 도서관은 무너지고 있었고, 그 사람의 위치는 끝내 밝혀지지 않았다. 그는 텅 빈 곳으로 손을 뻗었다. 포기는 늘 가장 늦게 찾아오는 진실이었다.

사서를 부축한다 → 136으로 이동
그를 멀리서 지켜본다 → 137로 이동

136

사서의 손은 떨리고 있었다. 카드가 바닥에 흩날리려 했으나 당신이 붙잡았다. 언어는 손가락 사이로 늘 새어 나갔지만, 붙잡는 순간만큼은 무게가 있었다.

언어 하나를 건넨다 → 139로 이동

137

멀리서 보니 그는 허공에 손을 뻗고 있었다. 투명한 벽 너머 허상과 대화하는 듯했다. 그는 동생을 찾는 것이 아니라, 단순히 손을 뻗는 행위를 멈추지 못하는 것 같았다.

가까이 다가선다 → 136으로 이동
그냥 떠난다 → 138로 이동

138

당신은 등을 돌렸다. 사서는 허공에 손을 뻗은 채 무너지는 도서관과 함께 삼켜졌다. 책장은 찢기고 기둥은 무너졌다. 그는 아무도 구하지 못했다. 그리고 당신 역시 그 누구에게도 언어를 전하지 않았다.

GAME OVER — 수리는 종료되지 않았다.

139

당신은 언어 하나를 건넸다. 그것은 "숨"이었다. 평생의 호흡을 통째로 건네는 기분이었다. 사서는 그 단어를 움켜쥐고 눈을 감았다. 그리고 자신이 원래 있어야 할 곳으로 돌아갔다.

숨의 가격을 생각한다 → 140으로 이동

140

폐허의 중앙에서 작은 파편 하나가 빛났다. 금속성 활자 조각이었다. 손에 올리자 맥박처럼 뛰었다. 당신은 그것을 유산이라 불렀으나, 사실은 남겨진 잡동사니였다. 의미는 대개 그렇게 시작된다.

멜트미러(게임개발자 · 영상작업자)

파편을 집는다 → 141로 이동

141

폐허의 청소를 끝낸 당신은 파편을 보관함에 넣었다. 단순한 쇳조각이지만, 동시에 도서관의 증거였다. 당신은 보관과 방치가 얼마나 닮아 있는지를 새삼 깨달았다.

보관함을 닫는다 → 142로 이동

142

보관함은 닫혔다. 방 안은 고요했고, 유리창 너머로 저녁 햇빛이 스며들었다. 모든 수리는 종료되었다. 당신은 책처럼 구겨진 몸을 의자에 던졌다. 피로가 밀려와 눈꺼풀이 낡은 커튼처럼 내려앉았다. 오늘 하루의 언어가 서로 뒤엉켜 머릿속에서 굳어 간다.

탁자 위에 남겨진 수리된 『아몰퍼스』는 아직 발송되지 않았다. 당신은 내일 아침, 택배 기사에게 맡기겠다고 중얼거렸다. 오늘은 더 이상 보낼 힘도, 포장할 의지도 없었다. 다만 서랍 속의 파편과 함께 이 고요를 잠시 보관할 뿐이었다.

그러나 택배 상자가 언제든 다시 올 수 있다는 사실만큼은 분명했다. 세계는 늘 그렇게 새로운 의뢰를 꾸역꾸역 밀어 넣었다. 당신은 내일의 문 앞에 이미 지쳐 앉아 있는 자신을 상상하며 눈을 감았다.

게임 종료

문학 웹진 LIM

여기, 뚫고 나오는 이야기의 숲

문학 웹진 LIM	등단 여부 및 장르에 구애받지 않는 여기의 젊은 작가들을 위한 연재 플랫폼입니다. 장·단편소설, 대담, 에세이 등 이채로운 작품을 요일마다 만날 수 있습니다.
림LIM **젊은 작가 소설집**	웹진에 연재한 작품 중 일부를 엮어 일 년에 두 권 출간합니다.
시-림LIM	문학 웹진 LIM에서 새롭게 시작하는 시인선 시리즈. 자기만의 세계가 확고한, 다양한 표정을 가진 시를 소개합니다.
ILLUST LIM	일러스트레이터의 작품으로 단편소설 한 편을 새롭게 엮습니다.
림LIM 장편	장르와 형식의 경계를 자유롭게 넘나드는 서사, 낯선 감각과 실험적 언어를 통해 작가들이 구축한 새로운 세계를 담아냅니다.

'-림LIM'은 '숲'의 뜻을 더하는
접미사이자 이전에 없던 명사입니다.

www.webzinelim.com

시-LIM 시인선 003

아몰퍼스

김해솔 시집

초판 1쇄 발행	2025년 9월 24일			
지은이	김해솔			
기획실	정진우 · 정재우	마케팅 홍보	고다희
주간	김종숙	디지털콘텐츠	구지영
책임편집	정소영	제작	윤준수
편집	김은혜 · 김혜원	영업관리	고은정
디자인	강희철	회계	이원희

표지 · 본문 디자인	굿퀘스천
제작처	영신사

펴낸곳	열림원
펴낸이	정중모 · 방선영
출판등록	1980년 5월 19일(제406-2000-000204호)
주소	경기도 파주시 회동길 152
전화	031-955-0700
팩스	031-955-0661
웹진	www.webzinelim.com
이메일	editor@yolimwon.com	webzinelim@yolimwon.com
인스타그램	@yolimwon	@webzinelim

ISBN 979-11-7040-355-5 04810
ISBN 979-11-7040-330-2 (세트)